PROEF! WIJN

Gijs Thio
Merijn Tol

het Spectrum

Uitgeverij het Spectrum B.V.
Postbus 2073
3500 GB Utrecht

Eerste druk 2005
Grafisch ontwerp: Studio Roelof Mulder, Amsterdam
Fotografie: Sander Nieuwenhuys, Robert Vendrig (stills),
Champagne Informatie Centrum
Druk: L.E.G.O., Italië

ISBN 90 274 9979 9
NUR 447
www.spectrum.nl

INHOUDSOPGAVE

De auteurs

Gijs Thio werkt als sommelier bij Italiaans restaurant Caffè Toscanini in Amsterdam, en is al jaren fanatiek met wijn bezig.
Merijn Tol schrijft over eten en drinken in diverse bladen waaronder TIP, heeft een cateringbedrijf en huiskamerrestaurant en is een wijnliefhebber.

'Op een avond hadden we een personeelsdineetje bij iemand thuis.
Gijs had natuurlijk de wijnen onder zijn hoede genomen
en vertelde ons bij iedere nieuwe wijn wat het was.
Die avond is het idee voor dit boek ontstaan.
Een boek over wijn voor jonge mensen, van jonge mensen.
Niet om compleet te willen zijn, maar om mensen aan te sporen
te proeven en zo hun eigen smaak te ontdekken.
En nu, een jaar later, hebben we het gemaakt.'

Gijs Thio
Merijn Tol

2005

'Wat zullen we drinken?'

'Heb je de kaart al bekeken?'

'Mmm ja, maar de lijst is te lang,
zegt me niks hoor.
Ik hou wel van Spaanse wijnen, en jij?'

'Ja, vind ik ook wel lekker geloof ik.
Of we nemen wit, een Chardonnay,
ook altijd goed.'

'Oké, doe die dan maar...'

HOOFDSTUK 1

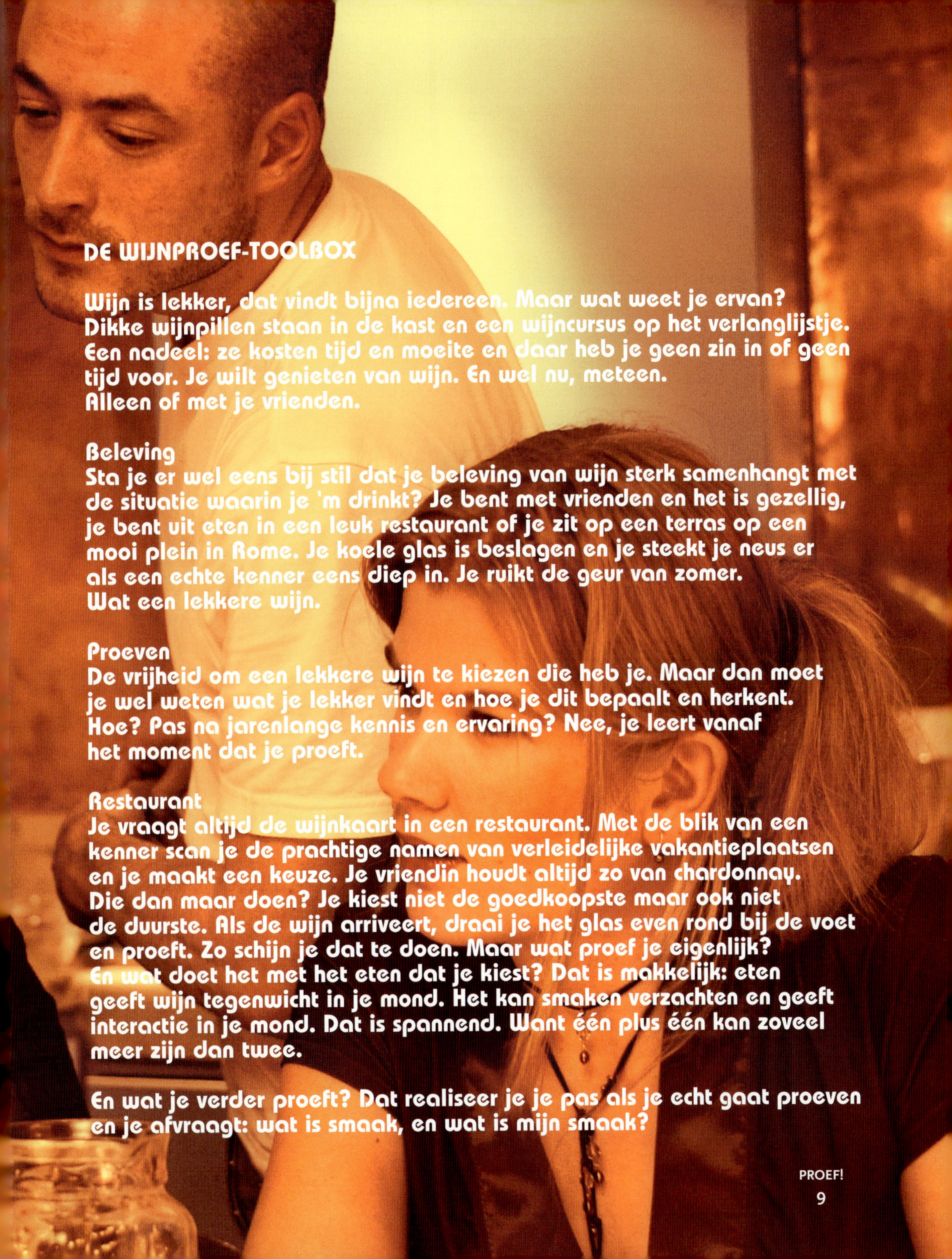

DE WIJNPROEF-TOOLBOX

Wijn is lekker, dat vindt bijna iedereen. Maar wat weet je ervan? Dikke wijnpillen staan in de kast en een wijncursus op het verlanglijstje. Een nadeel: ze kosten tijd en moeite en daar heb je geen zin in of geen tijd voor. Je wilt genieten van wijn. En wel nu, meteen. Alleen of met je vrienden.

Beleving

Sta je er wel eens bij stil dat je beleving van wijn sterk samenhangt met de situatie waarin je 'm drinkt? Je bent met vrienden en het is gezellig, je bent uit eten in een leuk restaurant of je zit op een terras op een mooi plein in Rome. Je koele glas is beslagen en je steekt je neus er als een echte kenner eens diep in. Je ruikt de geur van zomer. Wat een lekkere wijn.

Proeven

De vrijheid om een lekkere wijn te kiezen die heb je. Maar dan moet je wel weten wat je lekker vindt en hoe je dit bepaalt en herkent. Hoe? Pas na jarenlange kennis en ervaring? Nee, je leert vanaf het moment dat je proeft.

Restaurant

Je vraagt altijd de wijnkaart in een restaurant. Met de blik van een kenner scan je de prachtige namen van verleidelijke vakantieplaatsen en je maakt een keuze. Je vriendin houdt altijd zo van chardonnay. Die dan maar doen? Je kiest niet de goedkoopste maar ook niet de duurste. Als de wijn arriveert, draai je het glas even rond bij de voet en proeft. Zo schijn je dat te doen. Maar wat proef je eigenlijk? En wat doet het met het eten dat je kiest? Dat is makkelijk: eten geeft wijn tegenwicht in je mond. Het kan smaken verzachten en geeft interactie in je mond. Dat is spannend. Want één plus één kan zoveel meer zijn dan twee.

En wat je verder proeft? Dat realiseer je je pas als je echt gaat proeven en je afvraagt: wat is smaak, en wat is mijn smaak?

WAT IS SMAAK?
Smaak is jouw waarneming van eten en drinken. Smaak is ook je gevoel voor esthetiek. Wat is mooi, aantrekkelijk, lekker?
Het waarnemen van smaak heet proeven.
En proeven is iets anders dan drinken.
Het kan allebei interessant en leuk zijn.

Er zijn twee dingen belangrijk: wat proef ik en wat heb ik daarvoor nodig.

MAAR HOE GA IK PROEVEN? IK HEB TOCH EEN WIJNKENNER NODIG, OF EEN CURSUS?

Nee, je hebt het volgende nodig:

- Een paar vrienden, want in gezelschap kun je je ervaringen delen; iedereen proeft anders. Luister ernaar, maar laat je niet beïnvloeden door die anderen! Blijf je eigen mening vormen.
- Een grote tafel waar je omheen kunt zitten.
- Glazen: groot hoeft niet per se; met een kelk wel, dan ruik je gewoon meer en makkelijker. Officiële proefglazen bijvoorbeeld zijn veel kleiner dan die grote wijnglazen in een restaurant. Grote glazen laten de wijn eerder luchten, maar daar heb je weer karaffen voor als het echt nodig is.
- Een aantal flessen wijn. Bedenken welke wijn het wordt, is makkelijker dan je denkt. Als je eenmaal met proeven begint, heb je zo een verlanglijst bij elkaar.
- Proefwiel (zie pagina 31): een hulpmiddel waarmee je snel en makkelijk ontdekt waar wijn naar smaakt.
- Met een zuiver wit papier als achtergrond kun je goed zien welke kleur een wijn heeft.
- Literatuur: zodat je tijdens het proeven dingen kunt opzoeken, of gebruik internet.
- Stuur parfumflessen en rokers even naar buiten. Je omgeving moet het liefst zo neutraal mogelijk zijn.
- Wat crackers of witbrood en water helpen je om je mond weer op nul te zetten als je de weg tussen al die smaakjes even kwijt bent.

'Ik ben ooit begonnen met eten en wijn door te koken voor vrienden. Ik kreeg een fles wijn van een kennis in ruil voor een gunst. De wijnen waar ik uit kon kiezen zeiden me destijds niets. Veel Bordeaux, Rothschild, grote namen. Ik koos iets roods dat er niet zo duur uitzag, en waar hij een dubbel jaar van had. Thuis hebben we de wijn bij een lammetje opengemaakt. Het was wel duidelijk van een ander kaliber dan alles wat we daarvoor gedronken hadden. De smaak was waanzinnig complex, geconcentreerd en vooral erg lekker. Je hebt momenten dat iedereen stilvalt. Later was ik blij te ontdekken wat wij tijdens het eten niet wisten: dat die fles Domaine Trévallon vele honderden guldens kostte. Hadden we dat geweten, dan hadden we er niet zo van kunnen genieten.'

IS HET MOEILIJK?

Proeven is in het begin even wennen.
Je moet handig worden in spugen en schrijven. Al die wijn door en naast elkaar. Als je niet oppast proef je helemaal niets meer.
Als je mondjesmaat proeft en de wijn steeds uitspuugt, dan blijf je fris en helder. Daarom heb je een spuugbak nodig; en liefst een paar. Mensen zijn spugen toch al niet gewoon. Doe het daarom niet over de tafel heen.
Voor mezelf is de gootsteen in de keuken altijd ideaal! Ik ben dat uitspugen steeds normaler gaan vinden. Nu hoort het simpelweg bij proeven. Het is een reflex.
Je geheugen werkt prima voor liedjes, skivakanties en schoolklassen. Wijn moet ook een plek in je geheugen krijgen. Als je vergeet wat je hebt geproefd, dan weet je ook niet meer wat je ook alweer lekker vond.
Opschrijven helpt. Bij het proeven heb je dus ook pen en papier nodig. Kijk eens naar het proefformulier verderop in dit hoofdstuk.

Proef ook eens de verschillen in:

- dezelfde wijn op verschillende temperaturen.
- gedecanteerd of recht uit de fles.

Hoe je precies gaat proeven hangt af van jezelf:

- Je kunt beginnen met drinken en gaandeweg steeds serieuzer proeven.
- Je kunt eerst wat basiskennis oppikken en daarna steeds meer proeven.

PROEFTHEMA'S

Je kunt makkelijk een paar thema's voor een proeverij uit je mouw schudden. Kies bijvoorbeeld:

• één druif, verschillende wijnen. Zo leer je hoe de druif smaakt.

• één streek, verschillende boeren. Zo kun je ontdekken wie daar de stijl heeft die jij lekker vindt.

• één maker, verschillende wijnen; of zelfs van één wijn verschillende jaren. Zo zie je van heel dichtbij hoe iemand wijn maakt.

• Het simpelst is misschien wel dat iedereen meeneemt wat hij of zij normaal drinkt; dat neem je als startpunt.

• Appels en peren zijn allebei lekker, maar lastig te vergelijken. Probeer dingen naast elkaar te proeven die iets gemeen hebben. Rood naast rood, zoet naast zoet.

ELKE WIJN ZIJN GLAS

Het glas moet zo min mogelijk opvallen. Het gaat om de wijn die erin zit.

Glazen zijn doorzichtig. Anders zie je de kleur van de wijn niet goed. Van kristal met gegraveerde wijnrankjes ben ik daarom geen fan.

Glazen zijn tulpvormig, zo blijven de aroma's en geuren in en vlak boven het glas hangen. Daar waar je neus naartoe gaat. Champagnecoupes zijn dus onzin. De smaak vervliegt en de bubbels trouwens ook.

Glazen staan op een steel om vast te houden. Zo beïnvloedt je hand de temperatuur niet.

Glazen zijn zo dun mogelijk. Dan staat er niets tussen jou en je wijn. Kristal is dun en duurder dan glas. Ik zou toch in eerste instantie dat beetje extra eerder in de wijn stoppen dan in je glas. Dat komt later wel.

Ontzettend grote glazen vallen meer op dan de wijn erin, en zijn dus niet oké. Wat 'ontzettend groot' is, hangt af van jezelf.
Glazen zijn niet groot om vol te schenken. Als je in één keer een hele fles op wilt drinken, dan is een glas toch niet echt nodig. De wijn krijgt wel de kans om te ademen en zo geniet je er nog meer van.
Er zijn andere modellen glazen voor wijnen uit verschillende streken. Die verschillen hebben een reden.

Sommige glazen hebben een gebogen rand. De straal vloeistof die daaroverheen loopt, is breder en dunner dan wanneer de rand naar binnen wijst. Wijn met harde zuren wordt hier een beetje door verzacht.
Ik zou beginnen met een standaardglas dat je prettig vindt om uit te drinken en mee te proeven. Je collectie kun je goed uitbreiden als je een favoriete wijn hebt gevonden. Breid dan je interesse uit met meer wijn van dezelfde druif en uit dezelfde streek, en kies misschien ook een kristallen glas dat er speciaal voor gemaakt is!

Is dure wijn lekker?

Dure wijn is in de eerste plaats duur. Daarnaast is het vaak goede wijn, maar niet per definitie. Net als bij beleggen geldt dat succes in het verleden geen garantie is voor de toekomst. Bekendheid en reputatie maken wijn vaak onnodig prijzig.
Of die wijn lekker is, hangt van jezelf af. Dat gaat om je eigen perceptie. Probeer eerst dure wijn te drinken van een type dat je al eerder is bevallen. Die zal je eerder bekoren. De beste wijn is toch wijn die je lekker vindt.

WAARMEE PROEF JE?

Je proeft vooral met je neus. Hiermee ruik je nuances, zoals die van allerlei soorten bloemen en fruit.

Met je mond proef je nog meer; temperatuur en gevoel om maar eens iets te noemen. De temperatuur is van belang voor het goed uitkomen van de smaak; maar je voelt hem natuurlijk ook. De soorten smaken hebben niet alleen invloed op je tong. Een wijn met uitgesproken zuren zal je mond strak trekken (net als een slok citroensap), een zoete wijn geeft je mond hetzelfde gevoel als after sun op verbrande huid: verkoelend en zalvend. Vind je het gek dat een beetje zoet goed bij scherp eten past? Dat is dus 'mondgevoel'.

In het dorpje Cairanne in de Rhônestreek staat een mooi museum over wijn waar men het mondgevoel laat voelen. Je steekt je hand in kokers en voelt daar materialen zoals leer, vilt en satijn die het mondgevoel verbeelden.

Hoe je smaak omschrijft is dus persoonlijk, maar er zijn wel termen die goed weergeven wat je in je mond voelt: body, groot, knisperend, vet, flets einde, vol, rond, groen, hard, zwaar, licht, heet, brandend, kort, lang, waterig.

Ik heb vaak bij het proeven een ruimtelijk idee van de smaak. Rhône heeft een monumentaal gevoel, met de zachte textuur van fluweel, terwijl blanc de blancs champagne veel meer de nadruk legt op lengte, en een scherpe indruk geeft. Bij mousserende wijn komt mondgevoel extra om de hoek kijken.
De bubbels moeten blijven komen en prettig aanvoelen. Sommige mensen hebben ook kleurassociaties met smaak. Ik heb ze zelf niet, maar snap ze vaak wel.
Je mag alles gebruiken om een smaak te beschrijven!

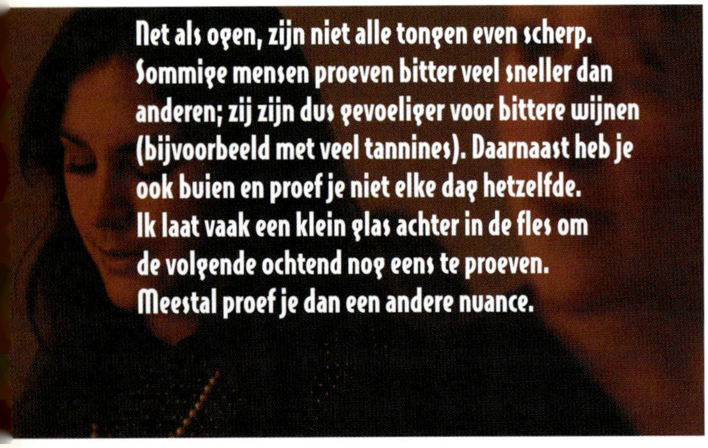

Net als ogen, zijn niet alle tongen even scherp. Sommige mensen proeven bitter veel sneller dan anderen; zij zijn dus gevoeliger voor bittere wijnen (bijvoorbeeld met veel tannines). Daarnaast heb je ook buien en proef je niet elke dag hetzelfde.
Ik laat vaak een klein glas achter in de fles om de volgende ochtend nog eens te proeven.
Meestal proef je dan een andere nuance.

Je proeft met je mond, je neus en je ogen. Een slok komt bij je tong. Hierop zitten papillen die het verschil voelen tussen de klassieke hoofdsmaken zout, zoet, bitter en zuur. Je neus doet de rest en kan al die honderden verschillende geuren thuisbrengen. Zelfs als je wijn in je mond hebt, ruik je nog door.

WAT IS PROEVEN?

Proeven is een indruk van de smaak krijgen. Tijdens het proeven probeer je antwoord te geven op een aantal vragen. Wat is het? Welke smaken zitten erin? Voldoet het aan mijn verwachtingen? Zit het goed in elkaar? Dit doe je alleen maar om de hamvraag te beantwoorden: is het lekker?

VERSCHILLENDE SMAKEN

Er is geen smaak te bedenken of het zit wel in wijn. Lieve smaken, zoals aardbei, sinaasappel, melkchocola en ook heftige, ruige smaken zoals oude dweilen, diarree, mest, oude leren laarzen. Op het eerste gezicht zou het kunnen lijken dat er in lekkere wijn alleen lekkere smaken zitten. Mispoes. Alleen maar lekkere geuren zijn te braaf om lang leuk te blijven. Daarom zitten er in topwijn vaak aangenaam vieze geuren als van een paardenstal, of een natte dweil. Het mooie fruit wordt gedragen door aardse smaken. Samen zijn ze lekkerder en boeiender dan apart. Sommige dingen vind je meteen lekker; andere leer je drinken.

ETIKETTEN

Op etiketten zie je vaak staan waar de wijn vandaan komt en wat voor druiven erin zitten. Dit geeft een idee van hoe de wijn gaat smaken. Wijnhuizen mogen je hiermee niet om de tuin leiden en daarom zijn er strenge regels voor het vermelden van dit soort informatie. Die regelgeving moet zorgdragen voor kwaliteit en authenticiteit. Champagne mag bijvoorbeeld alleen champagne heten als het uit het gelimiteerde gebied rond Epernay komt en als het aan basisvoorwaarden voldoet. Op etiketten uit beroemde plekken staat weinig directe informatie. Je wordt geacht te weten wat er in de fles zit.

WAT PROEF JE NU EIGENLIJK?
Bij het proeven van wijn maak je bijna een spagaat. Want het gaat om hoe de druif én streek smaken; en daarna hoe de wijnboer de wijn heeft gemaakt. Het is niet altijd duidelijk welke invloed het grootst was. Dit soort dingen maken blind proeven zo ingewikkeld.
En niet alle wijnen van dezelfde druivensoorten smaken hetzelfde. Twee cabernets kunnen verschillend smaken en twee sangioveses ook. De herkomst van de wijn is dus belangrijk, maar nog meer de manier van maken.

Smaak proef je in je mond, maar het meeste gebeurt in je neus. Ook tijdens het eten of drinken ruik je nog steeds. Smaak is het totaal van deze indrukken, het is een beleving. Smaak betekent in het Nederlands ook de specifieke smaak van een product. Zo ervaar je de appelsmaak van een appel. Andere talen hebben aparte woorden om deze verschillende dingen te zeggen. Engels bijvoorbeeld: taste en flavour of Spaans: gusto en sabor.

KARAKTER
De wijnboer heeft zijn eigen stijl. Die kan klassiek of modern zijn; veilig of gedurfd.

Maakt hij een smaak die sprekend en eigen is, maar niet foutloos. Of kan het zijn dat zijn wijn foutloos is en saai?

Is de wijn soepel en makkelijk of hard en complex? Bevat de wijn veel fruit en is hij bedoeld om meteen op te drinken? Of bevat de wijn veel tannines en moeilijke harde smaken zodat je wijn pas lekker wordt als je hem langer bewaart?

Was de boer commercieel en heeft hij gemaakt waar de consument om vraagt, of kijkt hij naar de mogelijkheden en maakt daarmee het lekkerste?
Welke wijn past bij jouw karakter?

GOED FOUT
Er kunnen tijdens het wijn maken allerlei dingen fout gaan. Druiven gaan rotten of de wijn gaat spontaan nog een keer gisten. Boeren doen er alles aan om dit soort rampen te voorkomen. Totdat er iemand ontdekt dat je van die vies uitziende rimpelige trosjes de meesterlijkste zoete wijn kunt maken, of dat die extra bubbels best leuk zijn om te drinken. Fout is meestal echt vies, maar soms wordt het nog wat.

Ik proef
met
mijn hoofd
en
mijn gevoel

Proeven heeft alles
te maken met
goed opletten,
en onder
woorden brengen
wat je meemaakt

SLURPEN + PROEVEN

Doe een klein beetje wijn in je glas. Ik schenk voor mezelf tweemaal een proefje.

Snuffel er eens aan. Je ruikt al wat, maar dat benoemen kan lastig zijn.

Als je proeft wil je zoveel mogelijk meemaken. Je laat de wijn rondjes draaien in je glas, je brengt de wijn in beweging en zo komen de smaken los.

Je ademt de lucht boven je glas door je neus naar binnen. Zo ruikt die wijn dus.

Echt drínken doe je niet, je neemt een slokje dat rondgaat en je mond overal raakt.

Slurpen doe je om zuurstof bij de wijn te krijgen. Die verandert, opent, smaakt naar meer. Hoe doe je dat? Oefen met water. Zuig wat lucht naar binnen, net zo hard dat het water niet uit je mond loopt. Een beetje oefening baart kunst.

Nadat de wijn je mond uit is, proef je nog. De afdronk blijft achter, en een goede zorgt voor een glimlach op je gezicht.

WELKE OPENER?

Ik heb het liefst een simpel en goedkoop sommeliersmes. Ze gaan na verloop van tijd namelijk allemaal kapot; of het dure of goedkope messen zijn maakt niet uit. Let wel goed op eentje met een open spiraal met kerf of teflon en een mes dat netjes de capsule snijdt. De comfortabelste kandidaten maken het mogelijk om de kurk in fases te trekken. Dat kost minder kracht.

Champagneflessen ontkurken doe je niet met een opener, maar met de hand. Eerst de capsule en de muselet (dat ijzerdraadhulsje) erafhalen. Hou de fles met één hand vast bij de kurk en met de andere aan de onderkant. Nu kun je heel voorzichtig de fles in beweging brengen, terwijl je de kurk stevig vasthoudt. Eigenlijk draai je de fles van de kurk af, en niet de kurk uit de fles.

Sommige mensen hebben als hobby om wijnflessen met zwaarden open te maken. Ik heb het nooit gedaan, en beschouw het voorlopig als folklore. In een enkel geval is het écht nodig om glas met ijzer te breken. Hele oude port heeft zo lang gelegen, dat de kurk helemaal is vergaan. Die kun je met geen mogelijkheid meer netjes trekken. Een grote metalen schaar wordt dan verhit in het vuur. Hier kun je de hals schoon mee van de fles afknippen.

WAT IS LEKKERE EN KWALITATIEF GOEDE WIJN? ER ZIJN DRIE MANIEREN WAAROP JE DIT KUNT BENADEREN.

DE NEGATIEVE BENADERING:
Wijn met zo min mogelijk fouten. Zonder vieze smaakjes en luchtjes, gaten en technische imperfecties. Na deze schifting heb je wijn over die goed is gemaakt, maar is die dan wel lekker of spannend? De smaak kan saai zijn!

Hoe proef je fouten? Door 'horizontaal' te proeven leer je een wijn het best kennen. Kies wijnen uit dezelfde plek, hetzelfde jaar en van verschillende makers. Als je ze op een rijtje hebt, vallen slechte kanten meteen op.

DE POSITIEVE BENADERING:
Deze wijn trekt je aandacht, is interessant en lekker. Hij hoeft niet eens perfect te zijn, maar leeft wel. Misschien is dit wel een wijnmaker die een nieuwe stijl ontwikkelt, die over 10 jaar de toon heeft gezet.

De waarheid ligt in het midden, te veel fouten is killing; en een echt vieze smaak of geur helemaal. Maar een saaie middelmatige wijn is het ook niet waard om te drinken.

DE WIJNMAKERSBENADERING:
Dit is wijn gemaakt door een individualist. Het gaat om kwaliteit boven kwantiteit en terroir (grondsoort) boven techniek. Dit zijn wijnboeren die bezig zijn om het authentieke van hun product naar voren te brengen. Uiteindelijk moet je deze intentie kunnen proeven: de wijnen zijn speciaal en prikkelend.

SAMENSTELLING VAN SMAAK IN WIJN

Structuur is een term die wijnkenners gebruiken om het raamwerk van de smaak te beoordelen. Want het is niet genoeg voor een wijn om alleen naar lekkere dingen te smaken, de opbouw van de smaak moet ook kloppen. Zuur, tannine en alcohol geven een gespierd mondgevoel. Zorgen voor structuur.

De verschillende smaakcomponenten moeten bij elkaar passen, ze moeten net als kleuren niet vloeken en in harmonie zijn. Soms doordat dingen op elkaar lijken; van dezelfde soort zijn. Andere keren zijn smaken juist contrasterend.

De verhouding in smaken moet goed zijn. Te veel van het één en te weinig van het ander haalt de smaak uit balans.

Concentraat zegt iets over het volume van de smaak; is er veel of weinig van. Net als een versterker een volumeknop heeft; je kunt meer muziek maken door hem harder te zetten. De muziek wordt er niet anders van; wel meer.

Mondgevoel: bij goede wijn voelt dit lekker. Het kan allerlei vormen hebben: groot, lang, ijl, strak, rond, etcetera.

Het onderscheiden van deze dingen is geen kattenpis. Maar met behulp van een proefformulier en een proefwiel kom je een heel eind.

SMAKEN

AARDS
Een warme tactiele dimensie zijn de aardse smaken. Deze doen denken aan aarde, paddestoelen, herfstbladeren. Deze donkere smaken geven goede wijn een gelaagde en complexe identiteit. Dezelfde soort smaken in vieze wijn noem je gronderig. Als je wel eens blubber, moeras of vieze schoenen in wijn hebt geroken, dan vergeet je dat nooit meer. Deze aardse smaken hebben associaties met rook, leer, harde kruiden (laurier), teer, wild en wierook.

AROMATISCH
Ruikt sterk en zwoel naar bloemen (rozen, lelies), tropisch fruit (mango, lychees), specerijen (gember) en wilde, heftige dingen (benzine). Deze smaken zijn sterk en uitgesproken.

Een minder geslaagde gôut de pétrol ruikt al snel naar verfverdunner, mindere rozen naar slechte zeep,en een middelmatige mango naar natuurlijke frisheid van blikfruit.

HOUT
Hout geeft ronde zoete smaken aan de wijn. Karamel en vanille verraden het gebruik van houten vaten. Hoe harder de branding van het vat, hoe sterker deze smaak.

DROOG EN ZOET
Droog begint bij beendroog; Brut. Daar zit echt geen grammetje suiker meer in. Daarna komt droog of Sec. Ook al voelt deze wijn droog, er kan best wel wat suiker inzitten. De middenweg tussen droog en zoet, wijn met een licht zoetje wordt in Frankrijk Demi-Sec genoemd. Echt zoet begint bij Doux. Hierna komen nog Moelleux en Liquoreux. Dat zijn de echt mierzoete jongens.

FRUIT
Alle fruitsoorten kun je in wijn proeven.
Rood en zwart fruit: aardbei, braam, framboos, (bos)bessen en moerbei.
Geel en groen: abrikoos, perzik, appel, peer, meloen, kruisbessen.
Exotische vruchten zoals lychee, passievrucht, mango, ananas, en banaan in witte wijn.
Citrusfruit: citroen, limoen, grapefruit, bergamot.

FRIS
Lichte friszure smaak. Denk aan een lekkere zure appel en citroenlimonade. Stuivend en opwekkend van karakter.

SMAKEN

Vergeet niet dat het onderscheiden van veel verschillende smaakjes geen doel op zich is, maar een analysemethode. Het gaat om iets anders; is het vies of lekker?

SMAKEN

GROEN
Onrijpe jonge smaak. Net als fruit kan wijn smaken alsof hij 'te vroeg is geplukt'. Dan moet de wijn ouder worden voor je hem drinkt en krijgen die groene kanten een milder karakter. Soms waren de druiven echt te vroeg geplukt. Die wijn blijft altijd een hard en onbuigzaam karakter houden. Overigens zijn er net zoveel smaken als mensen. Sommigen houden van groener dan anderen. Niet lekker groen noem je stelig. De stelen horen niet thuis in wijn. Daar moet je alcohol van stoken.

HONING
Zoete wijn kan naar honing gaan smaken. Echte honing smaakt naar de bloemen waar die vandaan komt. De smaak van honing in wijn kan ook bloemengeuren meebrengen. Bijvoorbeeld rozen of lindebloesem.

KRUIDIG
Sommige druiven geven een kruidige smaak. Ga je kruidentuin af en je kunt ze allemaal tegenkomen. Peperig hoort ook hierbij.

SAPPIG
Betekent heel basaal erg fruitig en mondvullend. Alsof je in een lekkere rijpe peer bijt.

WEE
Slap en lodderig van smaak doordat er geen balans is tussen zware zoetheid en het frisse dat zuur geeft.

ZILT
Wijn kan naar zoute zee smaken. Een beetje jodium in de smaak kan een spannende draai geven.

MINERAAL
Denk aan een heldere bergbeek en aan stenen. Wijn kan naar de stenensoorten in de grond gaan smaken. Leisteen geeft bijvoorbeeld een rokerige smaak. Kalk zorgt voor frisse kanten.

Als mineraal eenzijdig en overheersend is, wordt het wel kiezelig genoemd.

Aan de negatieve kant ligt mineraal verder dichtbij metalig.

VEGETAAL
Planten en groente. Deze omschrijving gebruik je voor smaken die niet direct fruitig zijn, maar wel plantaardig. Sauvignon Blanc staat onder andere bekend om zijn grassige smaak. Te veel hiervan is geen goed teken; een beetje kan lekker zijn.

SMAKEN

Laat je in het vormen van je mening over wijn nooit ophitsen door kenners, want jouw smaak is van jou alleen. Je kunt het altijd nog met ze eens zijn.

FYSIEKE KANTEN

LICHT OF ZWAAR
Lichte wijn heeft minder contact gehad met de schillen, wordt van neutrale druiven gemaakt of komt uit koele streken. Voor zware wijn geldt het tegenovergestelde, die is geconcentreerder. Er zit misschien niet de lekkerste smaak, maar zeker wel meer smaak in.

BODY
Concentratie van vaste deeltjes in de wijn. Ongefilterde wijn heeft meer body dan een klare buurman. Waterige wijn heeft geen body.

BOEKET
Chic woord voor de geur van wijn.

STRUCTUUR
De opbouw van de wijn uit de verschillende elementen. Belangrijk zijn alcohol, de zuurgraad en tannines. Deze bepalen hoe hoog het smaakgehalte is en of het goed zit met de balans.

MONDGEVOEL
Sensatie van de wijn in je mond.

AFDRONK
Nasmaak van wijn in je mond; eigenlijk is het een soort echo van de smaak. Let op de lengte daarvan. Rijke, goede wijnen kunnen eindeloos bij je blijven. Simpele wijnen zijn meteen weer weg.

PROEFWIEL
Een proefwiel helpt om smaak helder te krijgen. De eerste reactie, je intuïtie: is dit lekker? Dat is eigenlijk heel makkelijk. Het waarom is niet zo simpel te omschrijven. Dit wordt ook fysiek. Vind je het lekker omdat het zwaar is; of vies omdat het mondgevoel je niet zint? Tijdens je eerste kennismaking met de wijn waren de verschillende smaken er al, maar je was je er nog niet van bewust welke het allemaal waren. Tijd om daar eens rustig over na te denken. Wat proef je voor fruit en hout en zovoorts?
Aan alles komt een eind, daar sta je weer bij het begin. Haal je eerste indruk weer terug, maar nu heb je er een verhaal over. Je hebt echt duidelijk voor ogen wat je lekker vindt.

PROEFWIEL
HET WIEL HELPT JE OM TE PROEVEN, DUS WE NOEMEN HET IN PLAATS VAN EEN SMAAKWIEL EEN PROEFWIEL. IN HET WIEL KOMEN SMAKEN NAAR VOREN, MAAR OOK FYSIEKE KWALITEITEN.

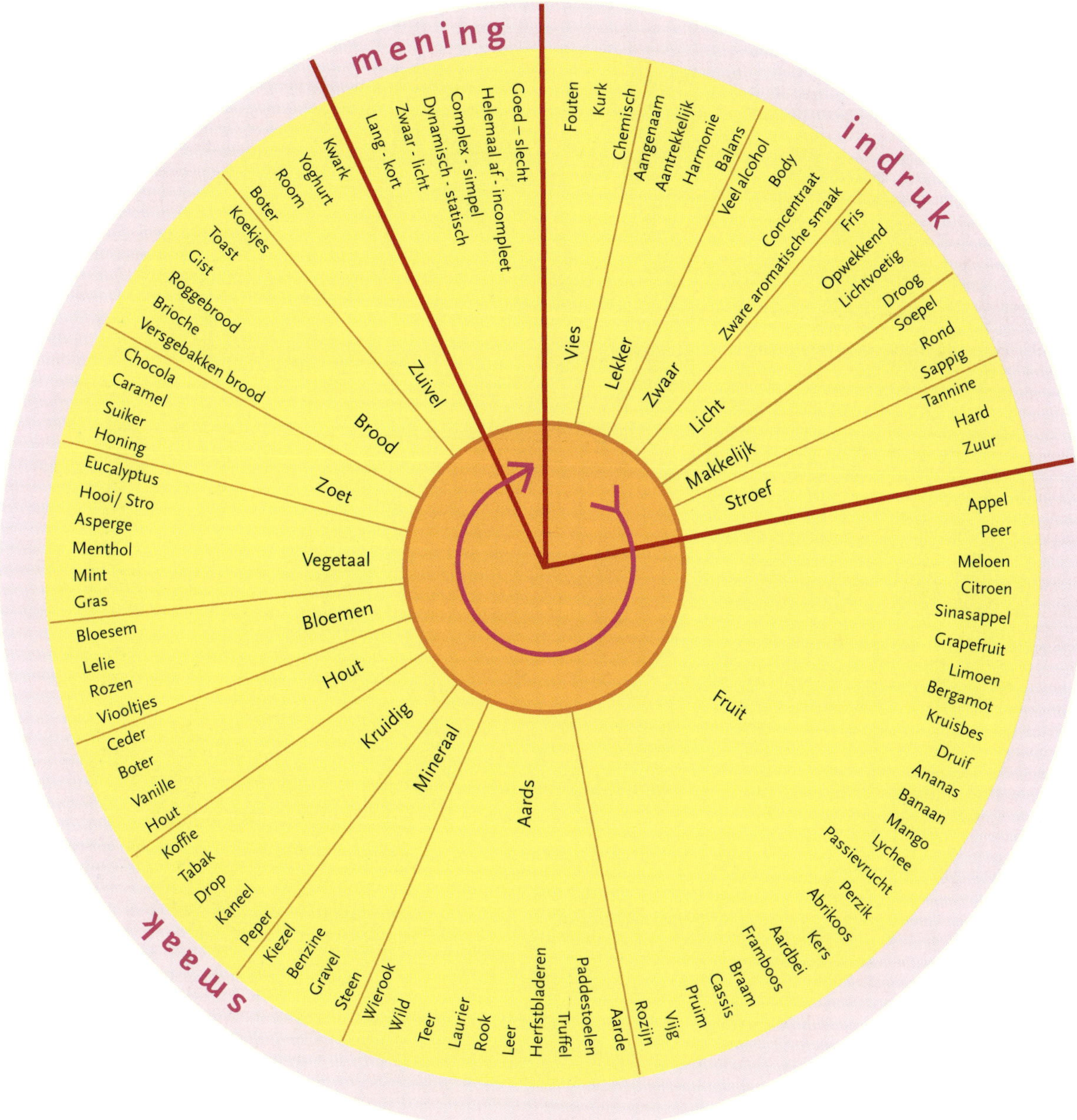

Waarom drink je wijn?

De minst zeggende kant van wijn is de lichamelijke; soms heb je dorst en als je eet is het prettig om te drinken. Dat er alcohol in zit, wat een prettig effect heeft op je gemoed. Als er veel te proeven en drinken is, ervaar je die alcohol alleen maar als onhandig. De concentratie gaat er van achteruit. Zonde om iets te drinken dat niet spreekt; daar wordt je alleen maar moe van.

De kracht van wijn ligt in de smaak.

Wijn is speciaal omdat het naar meer smaakt dan andere dranken. Het is geen standaardproduct dat op elke plek en elk moment hetzelfde smaakt. Wijn wordt gemaakt in alle soorten en smaken. Het vertelt waar het vandaan komt, en hoe het oud zal worden. Wijn kan je steeds weer verbazen; elke keer dat je proeft. Natuurlijk wordt er ook een oceaan vol nietszeggende, oninteressante wijn gemaakt. Die probeer ik te ontlopen. Als smaak en beleving er niet toe doen; dan drink ik eerder bier of een gin-tonic.

DECANTEREN: EEN ANDER WOORD VOOR MOEILIJK DOEN?

Wijn uitschenken in een karaf of in een andere fles wordt decanteren genoemd. Het woord komt oorspronkelijk uit oude schimmelige wijnkelders. Wijn die daar heel lang in heeft gelegen, ontwikkelt depot. Er komen langzaam stukjes druif uit de vloeistof. Dat wil je niet opdrinken; waarschijnlijk wel in een sausje met lekkere paddestoelen stoppen, maar dat is een ander verhaal. Je zet de fles een dag rechtop zodat alles rustig bezinkt, daarna schenk je heel langzaam en voorzichtig de schone wijn uit.

Tegenwoordig wordt wijn niet meer gemaakt om decennialang bewaard te worden. Toch kom je depot tegen. De wijnmakers zijn steeds minder hard aan het filteren. Zo blijft er meer smaak in de wijn, en heb je soms kans op een mooi sausje voor bij wild.

Decanteren heeft nog een andere kant. Wijn kan nog jong zijn. Het ouder worden van wijn is een proces dat veel met zuurstof te maken heeft. Als je voor veel contact met zuurstof zorgt, dan maak je de wijn snel ouder. De smaak wordt rijper, met minder harde tannines, zachter en vriendelijker. Hiervoor zijn scheepskaraffen erg handig. Bij het inschenken loopt de wijn over het hele oppervlak van de kan en krijgt veel lucht. Hierna is de fles verdeeld over een groot oppervlak en kan de wijn nog goed ademen.

Als je geen decanteerkaraf hebt, dan is een waterkan een goed alternatief. Flink erin schudden geeft ook veel lucht. Ik hoor vaak dat wijn uit bepaalde streken altijd gedecanteerd moet worden. Ik vertrouw hier liever op mijn smaak. Schenk de helft van een fles uit en proef na een tijdje. Is de wijn opengegaan en heeft hij zich verder ontwikkeld? Dan heeft het zin gehad. Anders moet je 'm gewoon opdrinken. Bedenk in het algemeen dat dit het terrein is van wijn die ouder lekkerder is. Dat geldt dus niet voor simpele wijn, fruitige wijn en wijn die al oud is. Daarmee loop je het risico dat de wijn 'uit elkaar valt' en daar is niets meer aan te doen.

PROEFFORMULIER

Op een proefformulier kun je alle dingen kwijt die je geproefd hebt. Je dwingt jezelf om te formuleren wat je proeft en daarnaast is het een handige informatiebron om de wijn te catalogiseren. Als je al je proefformulieren bundelt en bewaart, kun je je eigen smaak zien ontwikkelen en ontdek je wat je lekker vindt. Dit is een voorbeeld van een redelijk eenvoudige opzet. Alle aspecten komen kort aan bod. Gebruik het formulier naar eigen vermogen. Het is geen wedstrijd om alle vakjes in te vullen. Veel van deze zaken krijgen pas waarde als je vaker proeft; dan ga je vanzelf verbanden leggen tussen de smaken, kwaliteiten en stijlen van wijn.

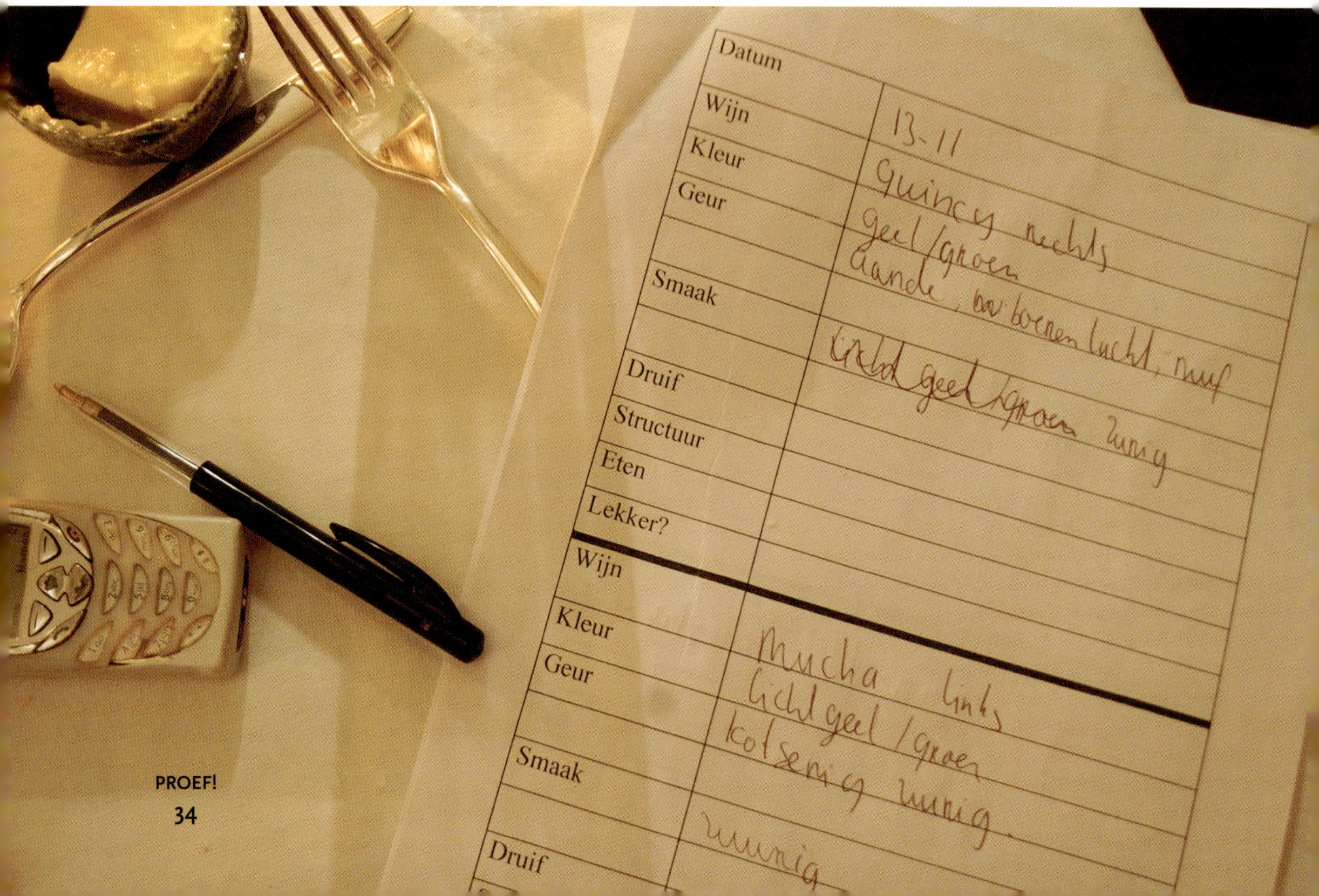

PROEFFORMULIER

NAAM	Wijn, jaar, maker, streek, druif.
OOG	Bekijk de helderheid en kleur. Als de wijn mousserend is, vertel dan iets over de maat van de bubbels en of ze snel verdwenen zijn
NEUS	Plezierig of afstotend? Vertel iets over de aroma's die je ruikt. Fruitsoorten, maar ook bijvoorbeeld karamel en vanille.
MOND	Zoet of droog? Vol en zwaar of dun en licht? Hoeveel zuur en bitter proef je? Klopt de mond met wat de neus beloofde? Verfijn die eerdere waarneming; benoem de smaak. Nasmaak: als de wijn weer uit je mond is, wat hou je dan over? Lengte: hoe lang blijft die smaak hangen?
INDRUK	Lekker of vies? Simpel of complex? Balans? Mondgevoel?
ETEN	Wat zou je hierbij willen eten? Of helemaal niets?

Nu kun je aan de slag. Bel je vrienden, sla wijn in en proef!

HOOFDSTUK 2

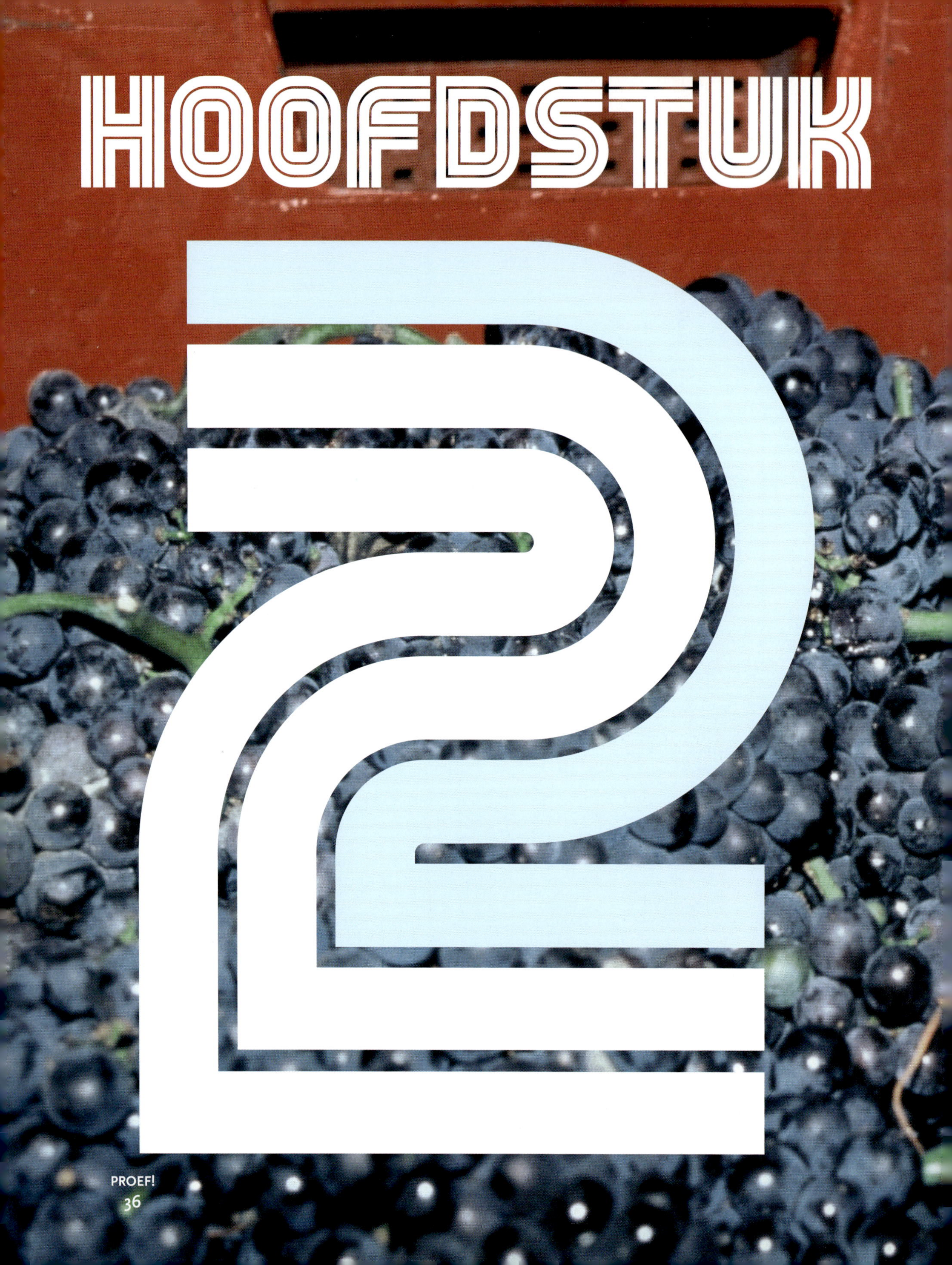

BACK TO THE ROOTS, WAAR KOMT DIE SMAAK VANDAAN?

Wijn smaakt, en als het echt lekker is geniet je ervan. Maar hoe kies je die wijn dan? Hier zie je wat voor smaken er worden gemaakt, en hoe! Zo kun je zonder omwegen kiezen waar je zin in hebt.

Een fles wijn zit vol smaak. Die smaak wordt gemaakt. In dit hoofdstuk gaat het om de hoofdbestanddelen van wijn: druiven, het 'wijnmaken' en de wijngaard.

De druiven in de wijn hebben allemaal hun eigen smaak. Vaak in hun eentje, en soms met andere soorten samen geven ze hun identiteit aan de wijn.

De manier waarop wijn wordt gemaakt is proefbaar. Dingen die in de kelder gebeuren, proef je direct. Je houdt ervan of je haat het; maar wat zijn die dingen dan?

Boerenwerk en de wijngaard staan niet voorop met hun invloed op de smaak, maar zijn wel prominente ingrediënten van wijn maken. Je proeft misschien niet exact welke handelingen er verricht zijn; wel of er gewerkt is aan het allerbelangrijkste; druiven in topconditie. De beste wijnmakers zeggen dat hun wijn op het land ontstaat en dat die in de kelder zo veel mogelijk met rust wordt gelaten.

DE BASIS: ZO SMAAKT FRUIT

Er zijn gigantisch veel verschillende druivenrassen. Ze hebben allemaal hun eigen smaak en mogelijkheden. Toch kom je steeds weer dezelfde dingen tegen: Chardonnay, Cabernet, Chardonnay, Merlot.

Andere soorten ontdek je. Door de mondiale commercie snak je naar variatie en de eerste keer dat je een druif leert kennen kan een openbaring zijn. Of je besluit dat door jou onbemind maar beter onbekend kan blijven. Sommige druiven zijn lekkerder of makkelijker te maken dan andere. Boeren willen vooral hun wijn verkopen en een bekende druif is daarvoor een troef.

Bij goede wijn proef je waar die van gemaakt is. Cépage-wijn is gemaakt van één soort druiven, wat dat makkelijk maakt. Veel wijnen uit ontluikende gebieden zijn zo. De drinker weet nog niet wat er te wachten staat en krijgt zo duidelijkheid.

In veel wijn zitten echter meerdere druivensoorten. Het mengen van verschillende rassen doe je als de combinatie beter is dan de onderdelen apart. Dat kan gewoonte zijn in een streek, maar ook een experiment. Na de mode van de cépages wordt er nu steeds meer gemengd om je iets nieuws te laten beleven.

Het mengen van rassen is ook een oplossing voor de grillen van de natuur. De onderdelen van een combinatie reageren elk anders op het weer. De precieze mix van rassen kan ieder jaar een tikje worden aangepast om een optimaal resultaat te krijgen. Dat kan natuurlijk niet als je met een solist werkt, die moet je nemen zoals hij is.

DE BEKENDSTE VIJF DRUIVEN KOM JE IN ALLE WINKELS TEGEN, DIE ZAL JE WEL EENS HEBBEN GEPROEFD.

CHARDONNAY

• Geliefd bij makers en consumenten omdat de smaak zo plooibaar en toegankelijk is. Van helder frisse meloen tot vol zwaar met passievrucht en mango. Boterige ronde smaken en vanille worden meegegeven in de kelder. Je vindt 'm in de Bourgogne en overal in de wereld.
• Als je dit lekker vindt, drink dan ook: Chardonnay uit verschillende gebieden: door de populariteit van deze druif staat hij overal 'op de kaart'. Proef ook Pinot Blanc en Verdicchio.

SAUVIGNON BLANC

• Citroen, gemaaid gras, kruisbessen en kattenpis ('nette' mensen zeggen buxus)
• Je vindt 'm in de Loire en in Nieuw-Zeeland.
• Als je dit lekker vindt, proef dan ook: Chenin Blanc (Steen in Zuid-Afrika), droge Muscat.

CABERNET SAUVIGNON

• Dé druif voor rode wijn. Zwarte bessen. Munt en ceder. Vanille/koffie en paddestoelen. Grassig en paprika als de druiven niet perfect rijp zijn.
• Je vindt 'm in Frankrijk (Bordeaux) en overal in de wereld.
• Als je dit lekker vindt, proef dan ook Merlot en Cabernet Franc.

MERLOT

• Fluwelen fruitige broer van Cabernet Sauvignon. Dezelfde kruiden, maar dan zonder de harde tannines en andere scherpe kantjes. Maakte eerst furore in blends met Cabernet Sauvignon; maar is daarna solo de wereld overgegaan.
• Je vindt 'm in de Bordeaux en verder van Californië tot Italië.

SYRAH

• Rook en bramen, munt en peper/kruidig. Volle donkere wijn met veel alcohol.
• Je vindt 'm in Frankrijk (Rhône) en Australië (daar noemen ze 'm Shiraz).
• Als je dit lekker vindt, proef dan ook andere kruidige rode druiven als Grenache.

NOG EEN PAAR VOORBEELDEN VAN DRUIVEN WAAR JE WAT LANGER NAAR MOET ZOEKEN IN DE WINKEL. ZE ZIJN NIET ZO BEKEND DAT IEDEREEN ZE KENT, MAAR ZE ZIJN OP Z'N MINST NET ZO LEKKER.

RIESLING

• Heldere citroen/limoen met appels. Als er later en rijper geoogst wordt, kan Riesling aromatischere kanten krijgen van perzik en exotisch fruit. Laat de grond van de wijngaard goed zien zoals de leisteen langs de Moezel. "Door de leeftijd en de grond kan Riesling gout de petrol krijgen krijgen en dus naar benzine gaan ruiken." Dat lijkt misschien vies, ik vind het sexy en lekker.
• Zoet gemaakt, ruikt Riesling naar honing en blijft elegant lichtvoetig door de overvloed aan frisse strakke zuren.
• Je vindt 'm in Duitsland, Elzas, Oostenrijk en Nieuw-Zeeland.
• Als je dit lekker vindt, proef dan ook: Muller-Thurgau, Kerner, Grüner Veltliner, Sylvaner.

CHENIN BLANC

• Stro, groene appels met limoen en honing.
• Chenin is thuis in de Loire, bijvoorbeeld Vouvray. In Zuid-Afrika wordt veel wijn gemaakt van dezelfde druif onder de naam Steen.
• Als je dit lekker vindt, proef dan ook Sauvignon Blanc.

VIOGNIER

• Zwoele perzik, abrikoos en noten. Parfum van jasmijn en bloesem. Warme brede smaak, en een beetje tegendraads.
• Deze lastig te hanteren druif vind je in topvorm in het Rhône dal. Daar maken ze er witte wijn van, of mengen ze met Syrah om die brutale pittige kracht lieflijker en eleganter te maken.
• Als je dit lekker vindt, proef dan bijvoorbeeld ook Tokay Pinot Gris uit de Elzas.

GEWÜRZTRAMINER

• Vol van kleur en structuur. Gematigd zuur. Lychees, rozen, gember en turks fruit. En kruidig, zoals het Duitse woord Gewürz al aangeeft.
• Je vindt 'm in de Elzas, Duitsland, Noord-Italië, Noord-Spanje.
• Als je dit lekker vindt, drink er dan nog meer van. Er is niets dat hier altijd op lijkt.

PINOT NOIR

• Ruikt naar alle soorten framboos en aardbei met wierook. Oudere voorbeelden ontwikkelen smaken van leer, wild en truffels. Fenomenaal in het weerspiegelen van alle verschillende soorten wijngaarden van zijn thuisbasis, de Bourgogne.
• Je vindt 'm dichtbij, in de Champagne, Bourgogne en Duitsland (Spätburgunder). Verder weg is Pinot Noir op heel veel plekken aangeplant.
• Als je dit lekker vindt, drink dan ander licht rood, zoals Corvina of Cabernet Franc. Het aromatische herken je misschien in Nebbiolo.

NEBBIOLO

• Even aromatisch als Pinot Noir, maar dan wat zwaarder door harde tannine, teer, truffels en rook. Geurige bloemen als rozen en viooltjes. Nebbiolo heeft een zoetige vleug door het hoge percentage glycerine. Het komt terug in smaken van romige espresso en chocolade.
• Je vindt 'm in de Italiaanse streek Piemonte. Bekend zijn daar de dorpen Barolo en Barbaresco. Alle verschillende wijngaarden hebben hun eigen karakter dat Nebbiolo laat zien in de smaak van de wijn. Buiten de Piemonte komt Nebbiolo heel mondjesmaat voor.

MOURVÈDRE

• Moeilijk te hanteren druif. Stevige structuur met veel tannine. Bramen en andere donkere bessen. Ook dierlijk, stallig, vlezig bij het ouder worden.
• Je vindt 'm vaak in Zuid-Frankrijk (Bandol), Spanje (daar wordt hij Monastrell genoemd). In Australie en de VS heet hij Mataro.
• Als je dit lekker vindt, proef dan ook andere druiven met een sterke structuur en ruige smaken. Bijvoorbeeld Aglianico uit Zuid-Italië.

GAMAY

• Vooral geurig fruitig. Aardbei, kers en framboos. Kauwgom en chemische banaan in slechtere gevallen.
• Je vindt 'm in de Beaujolais.
• Als je dit lekker vindt, proef dan ook Dolcetto uit de Piemonte, Castelõa uit Portugal.

"Door de leeftijd en de grond kan Riesling Gout de Petrol krijgen; en dus naar naar benzine gaan ruiken. Dat lijkt misschien vies, ik vind het sexy en lekker"

IS DE ENE DRUIF BETER DAN DE ANDERE?

Voor alle klimaten en bodemsoorten zijn verschillende druiven geschikt. Daarbij komt nog dat er van elke druivensoort verschillende klonen zijn met weer een eigen karakter en eigenschappen.

Elke druif heeft zijn eigen smaak; het is aan de boer om te kiezen wat hij het lekkerst vindt. Belangrijk is ook dat bepaalde soorten de boer veel zekerheid geven (hoge opbrengst, wordt niet snel ziek, kan tegen slecht weer). Andere druiven zijn moeilijker en risicovoller; maar ja, wel erg lekker.

De beste druiven onderscheiden zich van eenvoudige door deze eigenschappen:

• Terroirtransparant.

De grond waarop de druiven groeien is alleen maar belangrijk als je die proeft. Sommige druiven laten goed hun herkomst zien. Riesling toont voorbeeldig of de bodem alleen maar leistenig is (topgaarden in de Rheingau) of dat er een beetje aarde tussen de steentjes zit (meteen om de hoek aan de Mainz). Het eerste geeft helderheid en elegantie; het tweede een aardsere, rokerige smaak. De afstand is hemelsbreed minder dan tien kilometer.

• Ouderen.

Veel wijn sterft een vroege dood. Het eenvoudige karakter van de druiven zorgt ervoor dat de wijn weinig structuur heeft en slechts kort bewaard kan worden. Wijn van topdruiven blijft veel langer overeind en verandert ook nog eens positief tijdens het ouder worden. De smaken die in jonge wijn nog zo agressief overkomen zorgen ervoor dat die hoge leeftijd bereikt kan worden. Want harde tannine en knallend zuur veranderen met de tijd in rijpere, zachtere smaken. Als het goed zit, proef je in de jeugd al dat het lekker gaat worden. Als je daar niet van overtuigd bent, kun je maar beter niet met bewaren beginnen!

De beste druif is natuurlijk van de soort die jij het lekkerst vindt. Die voorkeur kan en zal veranderen. Geniet ervan zolang als je 'm hebt.

MAAKT HET JAAR IETS UIT?

Het jaar waarin de druiven groot zijn geworden hangt nauw samen met de smaak van de wijn. De weersomstandigheden in een bepaald jaar zijn van invloed op de kwaliteit van de druiven. Consequent koud weer maakt het lastig om rijpe druiven te krijgen. Veel regen vlak voor de oogst maakt dat de druiven zich volzuigen met water en dat er veel vocht aan de druiven blijft hangen. De aanwezige smaak wordt hierdoor enorm verdund. De wijn wordt letterlijk waterig.

Hoe weet je of een jaar goed was? Warm weer is altijd een goede indicatie. Sommige mensen hebben een uitstekend geheugen voor de stand van het strand jaren geleden. Echt uitsluitsel geeft dit niet. Daarvoor is de wijnwereld te groot. Verschillende gebieden hebben ander weer gehad. Vaak is het zo dat de ene druif het nog lekker warm heeft, terwijl de andere al te snel rijp wordt. Als het erom spant, moet je bij je wijnhandel of op internet checken hoe top een bepaald wijnjaar echt was.

HET GEHEIM VAN DE SMID: KELDERWERK

Tijdens het wijn maken moet een boer heel veel keuzes maken. Die bepalen hoe de wijn gaat smaken. De machines die een boer wel of niet heeft, bepalen de mogelijkheden; daarna is timing alles. Tijdens cruciale stappen in het proces moeten ze er echt bijblijven. Dat betekent soms zelfs 's nachts doorhalen om op precies het juiste moment de knop om te zetten.

Hier het wijnmaken dat je het eerst proeft.

VERGISTING: DE ALCOHOL IN HET SPEL
Van druivensap wordt wijn gemaakt. De omzetting van druivensuiker in alcohol heet fermentatie of vergisting.

Alcohol heeft een zoete smaak en mondgevoel; het geeft body. Als er te veel van is wordt het branderig.

Alle organismen die nodig zijn voor de zijn al op de druivenschillen aanwezig. Aan tarwe en andere graansoorten moet gist worden toegevoegd voordat er alcohol kan ontstaan. Bij druiven niet. Daarom is het waarschijnlijk dat in de prehistorie eerder wijn werd gedronken dan bier.

Het kan ook anders. Boeren die zo natuurlijk mogelijk werken, willen geen gist uit een pakje, maar gebruiken de gistculturen op hun eigen druiven. De alcohol en smaak van eigen kweek zullen eerder bij de wijn passen dan gist uit een vacuümverpakking. Ze proberen een klein vaatje met eigen druiven aan het gisten te krijgen, en die cultuur gebruiken ze dan voor de hele oogst.

MACERATIE: GEUR, SMAAK EN KLEUR
Macereren is het in de week zetten van het sap en wat er verder over is van de druiven. Dit proces vindt plaats tijdens en na de eerste gisting.

Door de maceratie komen de geur en smaakstoffen in de wijn. Vergelijk het met een theezakje in water.

Ook de kleurstoffen komen hier los. De schillen van rode druiven geven de kleur aan de wijn. Als je rode druiven voorzichtig perst en meteen de most van de schillen haalt, dan maak je witte wijn: blanc de noirs. Witte schillen geven natuurlijk geen rode kleur; een witte druif maakt witte wijn: blanc de blancs. Er bestaat wel rode wijn van witte druiven: noir de blancs. Sommige soorten Sauvignon Blanc en Pinot Gris hebben witte schillen en gekleurd vruchtvlees. Ze kunnen (licht)rode wijn geven. Deze roze of grijze wijnen zijn overigens een zeldzaamheid.

Witte wijn van witte druiven krijgt geen kleur van de schillen, maar wel extra smaak. Vaak doen boeren het om een vollere wijn met meer body te krijgen.

Hogere temperaturen versnellen processen en veranderen de smaken. De tijd en temperatuur worden dus altijd goed in de gaten gehouden. Daarom zijn de kelders tegenwoordig uitgerust met temperatuurgecontroleerde vaten.

REDUCTIE/OXIDATIE

Druiven veranderen tegenwoordig meestal zonder contact met de buitenlucht in wijn. De hoeveelheid zuurstof wordt heel netjes gecontroleerd. Door de moderne machinerie in de kelders is het eenvoudig geworden om wijn van lucht af te sluiten. De chemische benaming voor zo'n proces is 'reductie'. Als er wel zuurstof in het spel is, dan heet het 'oxidatie'.

Wijnmakers houden de zuurstof weg van de wijn in wording omdat zo de frisse heldere fruitsmaken behouden blijven. Het nadeel is dat de wijn hard en metalig kan gaan smaken en vieze luchtjes kan vertonen. Denk aan diarree of een natte dweil die al een tijd in een hoekje ligt. Deze smaken zijn in de kelder toegevoegd aan het primaire karakter van de druiven. Ze vervliegen gelukkig relatief snel. En daarom is er een oplossing: decanteren. Dit is ook oxideren; er komt namelijk zuurstof bij de wijn. En dat wil nog wel eens helpen om de negatieve invloed van reductie weg te nemen.

Sommige druiven zijn zo heftig zuur dat een beetje oxidatie geen kwaad kan. Zuurstof breekt de overtollige zuren af. Het typische sherry-smaakje is een voorbeeld van een oxidatief proces.

Carbonische maceratie is een populaire oldschool-methode om reductie te bereiken. De druiven worden in hun geheel in een grote ton gestopt. Je hebt dus alleen een vat en druiven nodig, en geen dure persen, ontstelers etcetera. De druiven drukken op elkaar en persen zo heel rustig zichzelf uit. De onderste druiven worden het meest geperst, en de bovenste blijven langer heel. Als het druivensap onderin begint te gisten, verdwijnt de zuurstof en komt er koolzuurgas vrij. Dat borrelt naar boven en houdt daar de zuurstof weg. Het sap in deze druiven kan binnen in de druif gaan gisten. Zo heb je eigenlijk een minivaatje met vers druivensap gekregen. Deze manier van werken wordt van oudsher in de Beaujolais gebruikt. Daar hebben ze altijd al wijn met veel jong fruit gehad. Soms is ouderwets heel modern.

MALOLACTISCHE GISTING, OOK WEL KORTWEG 'MALO' GENOEMD

Als druivensap wijn is geworden, kan er nog een tweede gisting plaatsvinden: de malolactische gisting. Lactische bacteriën vormen organische fruitzuren om tot melkzuren. Het gevolg is niet eens zozeer dat de zuurgraad van de vloeistof daalt maar de zuren zelf worden wel anders. Lactische bacteriën zijn dezelfde die in yoghurt zitten; melkzuren zitten in zuivel.

Wijn krijgt na de malo soms ook hinten van kwark en boter. In het algemeen ontstaat er een rondere, soms notige smaak. De felle zuren die lijken op die van groene appels verdwijnen. Dat is soms nodig als de wijn van nature erg zuur is. Het maakt witte wijn wel weer minder lang houdbaar. Rode wijn ondergaat vaker malolactische fermentatie dan witte. Wit is vaak fris en strak van kwaliteit. Rode wijn kan met zijn tannine toch al oud worden. De malolactische fermentatie maakt de smaak nog net wat complexer en spannender.

FILTEREN

De wijn is vergist en de gisten zakken naar de bodem. Nu breekt er een fase aan waarin de wijn tot rust komt. Het bezinken van gistcellen en andere vaste deeltjes kan door klaren een handje worden geholpen. Dat kan onder andere met eiwitten en stierenbloed. Voor de veganisten: informeer hoe de wijn is geklaard!

De wijn zit met de gisten in een vat. Dat heet sur lie, of 'op de gisten'. Contact met gist geeft meer body en een vollere smaak aan de wijn. Het gebeurt van oudsher met Muscadet in de Loire, maar komt op zeer veel plekken terug.

Vroeger werd de wijn meer geklaard en gefilterd. Dat geeft een dunnere, transparante smaak. Door dingen uit de wijn te halen, gaat er ook smaak weg.Toch denk ik dat de smaak niet voorop stond, maar dat het eerder gebeurde omdat men bang was dat de wijn niet stabiel zou blijven. Makers kiezen er nu vaak voor om zoveel mogelijk wijn te behouden.

Ooit gaat de wijn de fles in. Boeren vullen soms direct van het bezinksel af. Eigenlijk zonder noemenswaardige filtering. Zo krijg je de meeste smaak in de fles. En een klein risico op depotvorming tijdens het bewaren van de wijn op fles.

EXTRA SMAAK: HOUT

Hout is een extra smaakingrediënt in wijn. Vroeger onontbeerlijk, omdat houten vaten de belangrijkste bewaarmiddelen voor wijn waren. Tijdens het maken en ook daarna.

Tegenwoordig kan wijn gemaakt, vervoerd en bewaard worden zonder hout. Daarvoor zijn er rvs tanks. Toch is de smaak van hout bij wijn gaan horen en dus wordt het nog wel gebruikt. Soms omdat de markt het wil, soms omdat de boer het lekkerder vindt.

Hout geeft body en smaken zoals vanille, karamel, kruidnagel of geroosterd brood. Uit het hout komen ook tannines; dezelfde die in rode wijn zitten. Deze zorgen weer voor structuur en een langer leven.

Hout is er in veel soorten en maten. Meestal wordt eiken gebruikt, maar soms ook acacia of ander.

Eikenhout van verschillende soorten en uit andere plekken heeft weer eigen invloed. De nerven zijn groter en open zodat er meer smaak uitkomt. De manier van maken verschilt ook sterk. Tijdens de bewerking van het hout wordt het verhit. De 'toast', hoe hard het vat wordt gebrand, geeft ook smaak aan de wijn.

De wijnboer moet elke oogst weer naar de kwaliteit en het karakter van de druiven kijken en daar een mix van hout, uit verschillende bossen en op verschillende manieren gemaakt, op componeren. Hout dat liefst niet te veel is en niet overheerst.

Hout kan structuur geven aan de wijn; een raamwerk waarbinnen de smaken tot hun volle recht komen. Maar liefst wel met mate en subtiliteit gedoseerd.

Wijnen uit houten vaten zijn wijnen die groots smaken met veel structuur, vanille en karamel. Soms wordt die smaak op industriële manier gemaakt door in RVS-tanks zakken met houtsnippers te hangen.
Wijn kan de invloed van hout verdragen als hij

zelf al veel smaak en kracht heeft. Dat is dus bijvoorbeeld eerder rode dan witte wijn, en eerder zware Cabernet Sauvignon dan fruitige Gamay.

Kleine vaten hebben een relatief groter oppervlak en meer contact met de wijn dan grote vaten. De makers kiezen er steeds vaker voor om wel houten vaten te gebruiken, maar van grotere maat.

TE WEINIG ZUUR EN SUIKER

Als de oogst tegenvalt of zwakke plekken heeft, kunnen makers proberen om fouten te verdoezelen of te verhelpen. Wat er mag en kan, is per gebied verschillend en is in regels opgenomen.

In heel warme jaren zijn de druiven al rijp en zoet voordat er veel smaak is ontwikkeld. Daar heeft de wijnrank gewoon nog niet de tijd voor gehad. De wijn zal log en pompeus worden, omdat er niet genoeg zuren en frisse smaken zijn. Boeren kunnen dan beslissen om de wijn aan te zuren. Dan is de balans tenminste hersteld.

Koud weer doet het tegenovergestelde. De druiven worden niet zoet en rijp genoeg en de wijn wordt wrang en dun. Je moet dan een beetje suiker bij de most doen om een hoger alcoholgehalte te krijgen: dit heet chaptaliseren.

Boeren hebben niet alles voor het kiezen, maar jij wel. Zoek optimale jaren en gebieden, informeer bij je wijnwinkel!

Ik zie wijn het liefst zo puur en natuurlijk mogelijk. Toevoegingen zijn dus in principe niet oké. Behalve als de wijn er echt op vooruitgaat, het gaat uiteindelijk om wat er in je glas zit. Als consument heb je een luxe die de wijnboer niet heeft. Je kunt in een moeilijk jaar gewoon een andere streek nemen waar de problemen niet spelen. En als die laatste fles echt te dun is en echt de laatste; dan kan een scheutje port voor wat kracht zorgen.

"Vóór de achttiende eeuw waren er geen uniforme glazen flessen met goed afsluitende kurk en werd wijn zo uit het vat verkocht"

ZWAVEL

Zwavel wordt in de kelder gebruikt om te desinfecteren en te stabiliseren. Het grote nadeel van zwavel is dat het naar rotte eieren stinkt en dat je er hoofdpijn van krijgt. Hoeveel pijn, dat is persoonsgebonden.

Vroeger hadden de boeren het chemische proces van vergisting en de andere stappen in het maken van wijn minder goed in de hand, en was de noodzaak van zwavel groter. Door heel netjes en secuur te werken kan het gebruik van zwavel teruggedrongen worden. Iedereen gebruikt zwavel om vaten goed schoon te maken voor hergebruik, en vlak voor het vullen van de flessen wordt vaak zwavel gebruikt, al is het maar een heel klein beetje. Wettelijk zijn er grenzen aan het toevoegen van zwavel. De beste boeren werken het netst en zwavelen zo min mogelijk.

VERSTERKTE WIJNEN

Wijn maken is alcohol maken. Dat is niet altijd genoeg. Soms wordt er nog iets extra's aan de wijn meegegeven. Versterken doe je door alcohol, bijvoorbeeld in de vorm van brandy, bij de wijn te doen.

De hoge alcoholconcentratie doodt de gisten, waardoor de laatste suikers bewaard blijven.

De alcohol en de suiker maken de wijn lang houdbaar; net als boerenjongens of kersen op brandewijn. Voorbeelden zijn ook sherry en port.

PASSITO EN RECIOTO

Als je de concentratie en suiker-/alcoholspiegel niet hoog genoeg vindt, kun je de druiven laten indrogen. Dat gebeurt niet in de kelder, maar op zolder. Na het plukken worden de druiven op matten gelegd, waar ze door verdamping vocht verliezen. Deze halve rozijnen smaken naar meer. Maakt zoete wijn, of heel zware wijn met veel alcohol.

"Bedenk dat een fles met depot niet slecht is, maar dat de maker heeft geprobeerd om je zoveel mogelijk smaak te geven. Ik schenk het laatste glas liever voorzichtig in dan ultraklare wijn die naar minder smaakt."

BUBBELS

In de Franse streek Champagne, zijn ze begonnen met de Méthode Champenoise om bubbels in de wijn te houden. Als een wijn ergens anders vandaan komt, mag deze benaming niet gebuikt worden. Dezelfde methode heet dan Traditionelle. Wijn met bubbels heet in het algemeen mousserende wijn.

Mousserende wijn is een product van de wijnboer, want bubbels ontstaan niet vanzelf! Daar moet je wel wat voor doen. Heel veel zelfs.

Pas toen iemand zich herinnerde dat wijnzakken in Spanje en Portugal werden afgesloten met kurk, ging men flessen ook met kurk afsluiten. Dit maakte gecontroleerde bubbelvorming mogelijk. Voor de kurk op de fles zat, bleven de bubbels niet in de wijn zitten.

In de Champagne is het 's winters zo koud dat de kelders koeler dan 6 of 7 graden worden. Het kan zijn dat de wijn tijdens het fermenteren zo afkoelt dat de gisten gaan slapen. In de lente komt het proces weer op gang en ontstaat een natuurlijke tweede gisting.

Basiswijn: sinds de komst van de glazen fles is het gistingsproces beter in de hand te houden. Champagneboeren maken eerst een witte basiswijn, net zoals hun collega's over de hele wereld. Die stoppen ze in een extra sterke fles, met nog meer gist en suiker. Die mix heet de tirage. De suiker vergist en daarbij ontstaat koolzuurgas en een beetje extra alcohol. De stille wijn is constant in contact met het gas en neemt het langzaam op. Hoe langer en rustiger het contact, hoe beter de bellen in de wijn zitten. De mousse wordt fijner en persistenter. Dit proces duurt tussen de negen maanden en anderhalf jaar, en soms wel zes of zeven jaar.

Remuage: de fles zit nu vol met mousserende wijn sur lie (op het gist dus). De fles gaat langzaam op z'n kop terwijl er steeds wordt gedraaid; de remuage. Gistcellen in de fles zakken naar de dop en blijven niet aan het glas plakken. Vroeger gebeurde dit standaard met de hand. Er waren werknemers gespecialiseerd in het draaien van flessen. Niet erg gevarieerd werk, dat bovendien heel slecht is voor je polsen. In Spanje is een machine uitgevonden die een groot krat flessen tegelijk kan draaien: de Girasol of Giropallette. Als ik ergens hoor dat manueel gedraaide flessen lekkerder zijn, dan geloof ik dat echt niet. Het is eerder zo dat die boer het geld niet heeft om nóg een machine te kopen.

Dégorge: de prop met depot wordt bevroren en uit de fles geschoten. Nog even bijvullen om de fles weer netjes vol te krijgen en de champagnekurk kan erin.

De dosage: het bijvullen gebeurt met wijn en een suikeroplossing. De meeste droge mousserende wijnen worden gedoseerd met tien à veertien gram suiker per liter. Hoe noordelijker de wijn is gemaakt, hoe feller de zuren die in balans moeten worden gebracht. Als de wijn langer op de gisten heeft gelegen, dan kan de dosage weer lager zijn. De smaak heeft van zichzelf meer body om tegenwicht te geven. Soms maken boeren een wijn zonder dosage; de non dosée. Dit is de soberste en ook heftigste wijn uit hun assortiment. Niet de makkelijkste, maar wel de puurste.

Brut betekende vroeger dat er veel bellen in de wijn zaten. De suiker was helemaal opgegist. Wijn met veel bubbels was dus ook beendroog. Nu zijn mousserende wijnen droger of zoeter afhankelijk van de dosage. *Brut* is droog; *demi-sec* is halfzoet en *doux* is zoet. Die suikers komen niet van nature, maar zijn altijd toegevoegd.

Ze zeggen dat een monnik in de Champagne anderen zijn kelder in riep met: 'Je bois des etoiles!' ('Ik drink sterren!') Waarschijnlijker is het dat Dom Perignon in het begin de bellen in zijn wijn niet als plezierig zag, maar eerder als een fout die er nog uit moest.

HOE OUD IS DE NIEUWE WERELD?

De oude wereld ligt rond de Middellandse Zee en daarboven. Oud zijn: Frankrijk, Spanje, Italië, Duitsland, Oostenrijk, Hongarije. Maar ook Griekenland en Libanon.

De nieuwe wereld bestaat uit voormalige koloniën van de oude wereld. Nieuw zijn: Californië, Australië, Nieuw-Zeeland, Zuid-Afrika, Chili, Argentinië. Christelijke kolonisten hadden eeuwen geleden al wijn nodig voor religeuze doeleinden en zijn gaan planten. Met meer of minder succes.

Tegenwoordig heeft de term vaak betrekking op de manier en stijl van wijnmaken. Door tradities los te laten en een praktijkgerichte mentaliteit worden snel resultaten geboekt. De werkwijze is grootschalig, experimenteel en technisch.

Typische nieuwe wereld wijnen smaken eerder naar de druif waar ze van gemaakt zijn, dan naar de plek waar ze vandaan komen. De smaak is direct en aanwezig. Het is vol en plezierig maar er valt vaak weinig te ontdekken. Na twee glazen wil ik weer iets anders.

Oud en nieuw gaan elkaars sterke punten over nemen. In de oude wereld zijn er achtergebleven gebieden die "nieuwe" methodes in praktijk brengen. Spanje is bijvoorbeeld weer een succes geworden door innovatie en modernisering van de wijnboeren. Tegelijkertijd begint er in de nieuwe wereld ook interesse te ontstaan voor bijzondere wijngaarden en de invloed van die verschillende plekken op de druiven en de smaak van wijn.

Om echt kwaliteit te bieden zullen de nieuwe wijnboeren af moeten van luisteren naar de markt en gaan bedenken wat ze zelf echt lekker vinden. Wijn maken die niet alleen vandaag lekker is. Die ook morgen gedronken wil worden.

Overigens heeft misschien wel het grootste verschil tussen de oude en nieuwe wereld, niet zoveel met wijn zelf te maken. Het blijkt dat de nieuwe wereld één ding veel beter onder de knie heeft: marketing.

IS CRU ECHT EEN DING?

Een cru is een wijngaard waar de kwaliteit naar verwachting hoog is. Daar is de prijs dan ook naar. Elke streek gaat weer anders om met de indeling van de wijngaarden in kwaliteiten. Sommige kanten van het systeem zijn discutabel. In de Bordeaux wordt bijvoorbeeld nog een ranglijst gebruikt die in 1855 is opgesteld. Daarna is er een detail aangepast en niet meer dan dat.
Het zou natuurlijk kunnen dat er in de afgelopen tijd nog een paar dingetjes zijn veranderd.

Het kan zijn dat een enkele wijnboer een hele wijngaard bezit. Dan heeft hij het monopolie op die cru. Meestal is een geografische cru onderverdeeld in meerdere bezittingen. Dan maken een aantal boeren wijn met dezelfde kwaliteitsindicatie.

De wijngaardkaart van de Bourgogne is een complexe lappendeken. Er lopen grillige grenzen die de beste cru's van mindere buren scheiden. Dit lijkt in het begin arbitrair en ingewikkeld. Als je vaak wijnen proeft van dezelfde maker van verschillende wijngaarden, dan ga je merken dat er echt iets inzit. De dure cru's zijn systematisch geconcentreerder en complexer.

Het terroir van de wijngaard is van invloed op de smaak; dat is het hele idee van de cru's. Het is de vraag of de cru wel de belangrijkste factor is.
De boer kan in de kelder nog veel doen om verschil te maken. Pas als je weet dat een boer al zijn wijnen op dezelfde manier behandelt, is de invloed van het terroir duidelijk.

Een interessante proeverij kan zijn om verschillende wijnen van één jaar van één boer uit verschillende wijngaarden naast elkaar te zetten; of juist één cru van verschillende boeren.

Soms wil je juist een cru die niet als allerhoogste staat aangeschreven.
De beste zijn in hun buurt het ingewikkeldst en het zwaarst. Dat betekent dat ze tijd nodig hebben om te ontwikkelen; soms moeten ze zelfs vele jaren rusten voordat de scherpe kantjes eraf zijn. De iets simpelere buurman is meestal eerder rijp en vriendelijker; van smaak en prijs! Kies de ene keer voor het ultieme en de andere keer voor toegankelijkheid.

DE BODEM IN DE WIJNGAARD: TERROIR

Als een boer dezelfde druiven plant in vier verschillende wijngaarden, en daarvan op één manier vier verschillende wijnen maakt, smaken die dan hetzelfde? Ik denk het niet.

De omgeving waarin de druiven groot worden speelt een rol.

De onderkant van de wijngaard is de bodem. De wortels van de druiven halen hier water en voedingsstoffen uit. Die voeding, daar gaat het om. De bodem kan ervoor zorgen dat de plant heel diep moet gaan om aan zijn trekken te komen.

De omgeving waar de ranken groeien, wordt het terroir genoemd. Dit begrip begint bij de grond van de wijngaard. Als je het breder ziet, dan horen het lokale klimaat, zonlicht, noorderbreedte, enzovoort hier ook bij. Soms wordt zelfs de culturele achtergrond en de historische bagage van de wijnmaker ook tot het terroir gerekend.

Dan heb je wel alle grenzen waarbinnen een wijn opgroeit genoemd. De oude wereld, met Frankrijk voorop, is vol van terroir. Door de eeuwen heen hebben wijngaarden zich in hun smaak getoond en bewezen. Het is hier wel duidelijk waar de lekkerste druiven groeien.

Het is niet gezegd dat druiven op andere plekken niet kunnen groeien, alleen krijgen ze daar geen typische smaak mee. De herkomst van de wijn is alleen maar interessant als deze ook te proeven is. Druiven uit een kas zullen overal hetzelfde smaken.

Als je ze de goede kant op duwt, gaan wortels diep en ver, soms wel twintig meter. Die wijnplanten zijn dan wel de echte strebers!

ZEVEN ELEMENTEN IN DE WIJNGAARD

KLIMAAT
De wijngaard ligt bij voorkeur op een plek waar het fruit er zo lang mogelijk over doet om rijp te worden (en dat uiteindelijk wel doet). Dan hebben de druiven de tijd om de smaak te ontwikkelen die later in de wijn komt. Het ideale klimaat verschilt per druivensoort. Chardonnay kan in de Champagne nog rijpen, terwijl Mourvèdre het in het zuiden van Frankrijk al moeilijk heeft. In warmere klimaten krijg je vollere, plompere wijn; in een koele streek krijg je wijnen met minder body en een frissere, zuiverdere smaak.

DRAINAGE
De bodem moet goed waterdoorlatend zijn. Dan gaan de wortels naar beneden om water op te halen, en nemen ze uit de diepte smaak mee.

STENEN
Boeren houden niet van stenen, omdat die ploegen lastig maken. Maar wijngaarden houden wel van stenen. Ten eerste is grond met stenen waterdoorlatend. Ten tweede slaan de stenen overdag warmte op die ze 's nachts langzaam afgeven. Zo kunnen ze de planten beschermen tegen plotselinge extreme koude.

DIEPTE
De wortels moeten de diepte in, dus die diepte moet er wel zijn. De bodem moet ergens beneden ook weer water vast kunnen houden voor als het een tijd niet regent. Anders krijgen de planten snel waterstress.

ORIËNTATIE
De ligging van de wijngaard ten opzichte van het noorden. In de Loire ligt Vouvray aan de noordkant van de rivier. De wijngaarden kijken dus uit op het zuiden. Aan de overkant ligt het minder bekende Mont Louis. Daar hebben de wijngaarden het moeilijker, doordat ze op het noorden georiënteerd zijn. De druiven hebben minder direct zonlicht, waardoor ze langzamer volgroeien. Soms is de zomer voorbij voordat ze mooi rijp zijn, en krijg je erg groene, hard-zure wijn die in de kelder zoveel mogelijk verzacht moet worden. Maar in de beste jaren krijgt de wijn in Mont Louis net dat ene zetje mee dat de wijn nog lekkerder maakt.

HELLING
Veel wijngaarden liggen op steile hellingen. In extreme gevallen, zoals in de Moezel, is het werk in de wijngaard eerder een kwestie van bergbeklimmen dan van met een tractor rondrijden. Onder aan de hellingen is de bodem kleiiger dan boven. Daar heb je meer stenen en dat is oké. Verder benutten wijnstokken op een helling het zonlicht beter.

SOORTEN STEEN EN MINERALEN
Er is veel bekend over de precieze samenstelling van de bodem in bekende wijngaarden. Kalk, graniet of zand; er kan van alles in en onder de grond zitten. De laatste tijd zijn de geleerden er steeds meer van overtuigd dat de fysische eigenschappen van de wijngaard belangrijker zijn dan de chemische samenstelling van de bodem. Pas als de wortels de ruimte krijgen om te groeien en smaak omhoog te pompen, maakt het uit wat voor smaak dat is.

BOEREN:
DAG EN NACHT OP WEG NAAR DE ULTIEME DRUIF

HET WERK VAN DE BOER:

SNOEIEN

In de lente begint een wijnstok uitlopers te vormen. Die worden weggeknipt totdat er één of twee over zijn. Zo wordt de vorm bepaald die de plant tijdens het seizoen heeft.
Dat ontwerp is, afhankelijk van het klimaat en de omstandigheden, in elk gebied anders.
Als de trossen eenmaal gevormd zijn, snoeien kwaliteitsbewuste boeren nog een keer. Dat is de groene oogst. Er worden trossen afgeknipt, zodat de kracht van de plant over minder druiven wordt verdeeld. De opbrengst wordt lager, maar de smaak beter. Soms doen ze dit weer in één, twee of drie rondes. Dan krijgt de plant geen kans om aan de lagere opbrengst te wennen, en een tandje lager te gaan.

MEST

Het bemesten van wijnstokken maakt ze lui. Als je zorgt voor genoeg voeding aan de oppervlakte, gaan de wortels nooit de diepte in. En dat willen we nu juist.

PLOEGEN

De jonge wijnstokken worden soms gedwongen om diepe wortels te ontwikkelen door ze aan de oppervlakte stuk te ploegen.

GROENE GAARDEN

De boeren laten daar gras en andere planten tussen de wijngaarden groeien. Die vegetatie zorgt voor biodiversiteit en een gezonde wijngaard. Zo blijven ziektes buiten de deur die je anders weg moet spuiten. De biologische champagneboer Jacques Beaufort laat vol trots zien, dat zijn wijngaarden groen zien van het gras.

BIOLOGISCH BOEREN

Er is al tijden aandacht voor biologische wijn, gemaakt met inachtneming van de natuur. Helaas is biologische wijn niet altijd lekkere wijn. Ik ben egoïstisch en meer geïnteresseerd in lekker dan in goed of gezond. Gelukkig kunnen die twee best samengaan. De lekkerste wijn is met respect voor de natuur gemaakt. Toch staat het niet altijd op het etiket. Een chic château wil zich niet altijd associëren met geitenwollensokkentypes.

Lute raisonnée is een beweging van boeren die zo zuiver mogelijk werken, maar als het moet naar de spuit grijpen. Er hangen verklikkers in de wijngaard die laten zien of er gespoten is of niet.

SPUITEN

Zelfs strenge regels staan het spuiten in de wijngaard met één ding toe: de 'Bordelese pap'. Die pap is meestal blauw en gemaakt van kopersulfiet.Het aanpakken van beestjes is veel eenvoudiger op natuurlijke manier te doen dan het bestrijden van schimmels. Daar is onder andere de Pot Bordelaise voor.

In een nat klimaat met kleiige grond is het moeilijker om zonder spuit door het leven te gaan. Warme streken met stenige grond hebben van nature minder last van beestjes en schimmels. Ook de soort druiven maakt veel uit. Dikke schillen en trossen met een open structuur zijn minder kwetsbaar dan dunne schillen en een dichte tros.

OPBRENGST

Het aantal kilo's dat een boer oogst, is een behoorlijk goede graadmeter. Kwantiteit of kwaliteit? Als er meer trossen geplukt worden, dan wordt de smaak van dat jaar verdeeld over meer flessen wijn. Honderd hectoliter wijn per hectare is (te) veel. Vijftig of zestig is netjes.Twintig of dertig is top.

PLUKKEN

Als de druiven rijp zijn, worden ze geplukt. De werkwijze en kwaliteitseisen van de boer bepalen hoe dat gebeurt. Het simpelste is om in één keer alle trossen af te knippen en naar de kelder te brengen. Door meerdere keren te plukken, kun je steeds de rijpe druiven nemen, de rest laat je nog even hangen tot ze ook rijp zijn. Dat is meer werk, maar levert wel steeds druiven op in hun beste doen.

De druiven moeten zo vers mogelijk aankomen. Daarom worden ze in ondiepe kratten vervoerd, zodat de trossen niet op elkaar drukken tijdens het transport. Voor het persen hebben ze toch die dure machine geregeld.

Als de smaak van de wijngaard belangrijk is, dan maak je daar een aparte wijn van. Het plukken en de volgorde van plukken is daar natuurlijk op ingesteld. De vroegst rijpende cru's worden het eerst geplukt.

Als de omstandigheden zich ertoe lenen en de boer het aandurft, laat hij de druiven hangen tot het hard gaat vriezen. Als de druiven door en door bevroren zijn, worden ze zo koud mogelijk naar de pers gebracht. Tijdens het persen komt eerst het vruchtensap met het hoogste suikergehalte los. Het water in de druiven is harder bevroren. Van deze supergeconcentreerde most wordt speciale zoete wijn gemaakt: Eiswein. De naam verraadt al dat dit veel gebeurt in Duitsland en Oostenrijk. Oregon en Canada doen ook mee. Ze hebben er daar een handje van om de druiven in de vriezer te gooien en zodoende hetzelfde te bereiken. Valsspelen? Als je het proeft dan mag je het zeggen. Er staat in elk geval geen Eiswein op het etiket, dat mag niet meer.

"Er wordt me vaak gevraagd of ik geen wijn zou willen maken. Als echte stadsjongen zou ik echt niet weten hoe ik moest beginnen. Boer zijn is een ontzettend zwaar en complex bestaan. Het is hard werken. Boeren moeten heel veel doen om mooie en lekkere druiven te krijgen."

SMAAKSTIJLEN SMAAKSTIJLEN

Wijn komt uit zo veel landen en streken dat het op een wereldreis begint te lijken. Wordt gemaakt van zoveel verschillende druiven dat je met een studie biologie bezig bent. En dan nog allerlei scheikundige handelingen in kelders. Uiteindelijk is dat verhaal alleen maar aan te horen als het vertelt waar de smaak vandaan komt. Je wilt omgekeerd gewoon weten welke wijn je lekker vindt. Welke stijl jouw wijn heeft.

KNISPEREND DROOG

Lengte, elegantie en veel frisheid. Overdadige citrus zorgt voor structuur.
Druiven als: Sauvignon Blanc, Chenin Blanc, Grüner Veltliner, Aligoté en ook Chardonnay.

Geen malolactische gisting of contact met hout
Vroeg geoogst
Deze wijnen komen uit de koelste plekken.

Wit als:
Sancerre
Sauvignon Blanc uit Marlborough – Nieuw-Zeeland
Chablis
Champagne blanc de blancs brut
Cremant de Loire

FRUITIG EN JEUGDIG

Geen complexen; puur fruit en een lichte structuur. Verfrissend om te drinken. Je hebt andere wijn om echt te proeven. Dit drink je om simpelweg te genieten.

Druiven als: Pinot Blanc, Chasselas, Vermentino, Trebbiano, Gamay, Dolcetto, Refosco, Castelão (Portugal)

Weinig alcohol, Carbonische maceratie. In ieder geval reductief gemaakt
Geen malolactische gisting of contact met hout
Vriendelijke tannines en zuren
Soms een lichte bubbel.

Wit als:
Edelzwicker
Bianco di Custoza
Riesling
Cremant de Limoux, Cremant d'Alsace,Cava

Rood als:
Beaujolais
Dolcetto
Jonge Merlot

Nieuw wereldse rosé

LICHT CHARMANT

Aangenaam voor elke dag. Klassiekers in een lichter jasje. Je proeft een aanzet tot volle structuur, maar de zuren en tannines blijven altijd bescheiden.

Druiven als: Pinot Gris, Arneis, Garganega, Chardonnay, Spätburgunder (Duitse Pinot Noir), Corvina, Lagrein

Weinig alcohol, rustige cru's, Sur lie, Licht hout, wel malolactische gisting, koele streken.

Wit als:
Muscadet
Soave
Arneis
Orvieto
Pinot Grigio

Rood als:
Valpolicella, Spätburgunder en Pinot noir

Rose en wit van rode druiven, bijvoorbeeld van Pinot Noir

SMAAKSTIJLEN SMAAKSTIJLEN

ROND VOL

Geconcentreerd, ronde zijdezachte smaken met veel kracht.
Druiven als: Chardonnay, Merlot, Cabernet Sauvignon, Syrah, Aglianico

Komt uit de nieuwe wereld of warme streken: Australïe, Zuid-Afrika, Chili, Argentinïe, Spanje, Italïe

Vaten en de smaak van nieuw hout, Malolactische gisting. Veel alcohol, rijpe, laat geplukte vruchten.

Wit als:
Chardonnay
Steen (Chenin Blanc uit Zuid-Afrika)
Verdicchio (Italïe)

Rood als:
Languedoc (Frankrijk)
Merlot (Chili)
Syrah (Australië)
Pinotage (Zuid-Afrika)
Malbec (Argentinië)

SPANNEND EN VEELZIJDIG

Soms recht voor je raap; andere keren fascineert het, maar moet je nog ontdekken waarom. Smaken die veranderen in je glas, je steeds andere kanten laten zien.

Druiven als: Riesling, Viognier, Gewürztraminer, Cabernet Sauvignon, Syrah, Pinot Noir, Nebbiolo, Mourvèdre.

Wijngaarden met pit
Hout
Aromatische druiven

Wit als:
Condrieu (Rhône)
Gewürztraminer (Elzas, Noord-Italië)
Riesling Auslese trocken
Champagne Millésimé brut

Rood als:
Hermitage (Rhône)
Chambolle-Musigny (Bourgogne)
Bandol (ook de rosé)
Barolo

ZOET: WEELDERIG EN VERFRISSEND

Zwoel, vol, weelderig, warm. Zoete wijn is een verhaal apart. Van intens en monumentaal tot fris en fruitig. Je komt het allemaal tegen.
De lekkerste zoete wijn wordt van de droogste knisperendste druiven gemaakt. Die geven de zoete, zware smaak een heldere en lichte kant die de wijn lichtvoetig houdt.

Druiven worden meestal geblend, en zie je dus niet op het etiket staan. De meest gebruikte zijn: Sauvignon Blanc Semillon, Riesling, Chenin Blanc, Moscato, Grenache Zweigelt.

Laat tot zeer laat geoogst. Recioto.
Redelijk veel alcohol, houten vaten.

Kijk op het etiket of je een van de volgende termen ziet: Vendange tardive TBA (trockenbeerenauslese), Selection de Graines Nobles, Recioto, Eiswein. Moelleux, Vin doux naturel

Frisse zoete fruitige wijn:
Moscato D'Asti, Riesling kabinet, Brachetto (Italïe)

Voor zware rijpe smaken:
Rood als: Banyuls, Maury, Port
Wit als: Sauternes, TBA Riesling (bijvoorbeeld uit Oostenrijk), Mont Louis Moelleux (Loire) of Vin Santo (Italië)

HOOFDSTUK 3

WELKE FLES MOET IK NU WEER OPENTREKKEN?

'Zullen we een fles wijn opentrekken?'
'Goed idee, lekker.'
'Wat wil je, rood of wit?'
'Oh, in de zomer drink ik meestal wit...'

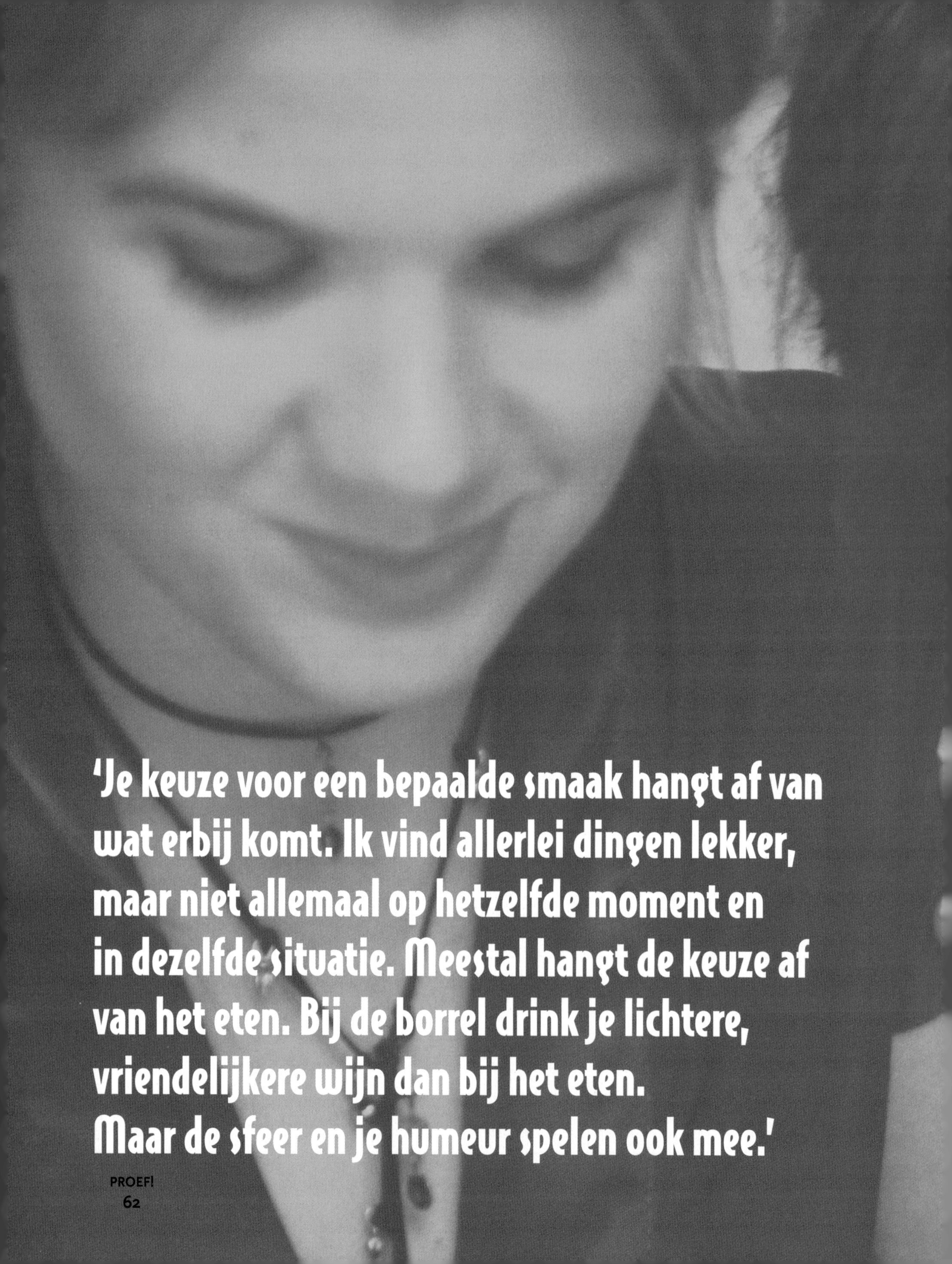

'Je keuze voor een bepaalde smaak hangt af van wat erbij komt. Ik vind allerlei dingen lekker, maar niet allemaal op hetzelfde moment en in dezelfde situatie. Meestal hangt de keuze af van het eten. Bij de borrel drink je lichtere, vriendelijkere wijn dan bij het eten. Maar de sfeer en je humeur spelen ook mee.'

VRAAG JE ALTIJD AF ALS JE EEN WIJN GAAT KIEZEN:
- **IN WAT VOOR SITUATIE WORDT DE WIJN GEDRONKEN; WORDT ER BIJ GEGETEN?**
- **WAAR HEB IK (EN MIJN VRIENDEN NATUURLIJK) ZIN IN?**
- **WAT WIL IK UITGEVEN?**

IN DE ZOMER OP EEN TERRAS

Gekoesterd worden door de warmte; of toch even onder een parasol? Dat wordt dus wit, rosé en lichtrood. Denk aan de smaakstijl 'knisperend droog' om verfrist te worden en als perfect aperitief. 'Fruitig en jeugdig' als het gaat om simpelweg van het moment te genieten. Rosé komt niet voor niets ook in fruitige varianten. In de volle zon hebben wijnen met een lager alcoholgehalte ook hun aantrekking; Moscato d'Asti bijvoorbeeld. Drink ze koel!

IN DE WINTER IN DE KROEG

Gezellig met je vrienden afspreken of met collega's 'uitwerken'. Uit de winterse kou de borrelsfeer in waar de gesprekken steeds geanimeerder worden. Je hebt zin in rustige warme smaken. 'Licht charmant' en 'Rond en vol'. Niet te zwaar gestructureerd en tannineus omdat er later pas gegeten wordt.

IN DE ZOMER TIJDENS EEN PICKNICK OP HET STRAND

Wat voor hapjes zijn er? Waarschijnlijk geen zware stoofschotels met linzen en eend, maar wel kaas, salades en misschien hamburgers van de barbecue.

Smaakstijlen:
'Knisperend droog', 'Fruitig en jeugdig' en 'Licht charmant'.
Wijnen met niet te veel alcohol. Er moeten vast nog dingen gebeuren, waaronder deelnemen aan het verkeer.

Riesling blijft lekker. Lage alcoholpercentages met frisse smaken; alles wat je wilt als het warm is. Rood en licht. Pinot noir, Cabernet Franc of Italië (bijvoorbeeld Corvina uit de Valpolicella). Rood en fruitig, maar dan lekker koel. Gamay of Dolcetto.

Fruitige lichte rosé bij koude salades; kruidige volle rosé bij de barbecue.

Op dit soort momenten is het extra moeilijk om wijn op de goede temperatuur te drinken. Met elementen uit een koelbox kom je een heel eind.

UIT IN EEN CLUB

Voor de liefhebber is het vaak geen pretje om op dit soort plekken wijn te drinken. Ik doe het soms als ik zeker weet waar ik aan toe ben. Champagne is voor mij de enige uitgaanswijn. Verleidelijk, feestelijk en oneindig lang. Gelukkig maken ze tegenwoordig champagne in kleine flessen met handige 'rietjes'. Helaas zijn ze nog geen gemeengoed in clubs en bars.

TV-WIJN

Heel veel wijn wordt in Nederland voor de televisie gedronken. Maar welke dan? Het is leuk om te bedenken welke wijn het best bij die bepaalde situatie past. Natuurlijk is het heel subjectief en soms ook een tikje vergezocht. Maar aan de andere kant, soms ook zo logisch! Wat drink je bij Sex and the City? Juist, bruisende bubbels!

Het blok

Low-key, simpel en easygoing. 'Fruitig en jeugdig' is 'm helemaal. Dit schreeuwt om weinig nadenken. Wat is uw huiswijn?

Uur van de wolf

Contemplatief en introvert. Moet iets intellectueels worden. Een iets rijpere Cabernet Franc uit Chinon bijvoorbeeld. Balancerend op de drempel tussen 'Licht charmant' en 'Spannend en veelzijdig'

Voetbal

Vrienden en feel-good. Klassiek gezelschapskijken. Ik stem voor 'Rond en vol', Kans op winnen en een goede combinatie met bitterballen; Gigondas.

RTL Boulevard

Voyeuristisch genieten. Sterren kijken en sterren zien. In your face, veel, direct. 'Fruitig en jeugdig', maar dan bijna 'Rond en vol'. Tokay Pinot Gris uit de Elzas.

Sex and the City

Hipster, lady-like, sophisticated. Elegant wit. Droom weg op een wolk; dure schoenen en fijne mousse. Graag Grand Cru Blancs de Blancs uit een topjaar. Iemand te porren voor 1996?

EN DAN ETEN; DE COMBINATIE VAN ETEN EN WIJN WORDT VAAK EEN HUWELIJK GENOEMD OMDAT ZE ZO GOED BIJ ELKAAR PASSEN.

OOST WEST, THUIS BEST

Hier heb je echt de vrije keuze, als je er tenminste wat tijd in wilt stoppen. Wat staat er op je eigen wijnkaart? Je haalt in huis wat je zelf graag drinkt en waar je interesse op dat moment naar uitgaat. Bijvoorbeeld om tijdens een proeverij open te maken.

DINEETJES THUIS

Thuis eten heeft wat betreft de wijnkeuze het voordeel dat iedereen hetzelfde eet. Dat maakt het makkelijker om een combinatie te bedenken. Je bent ook al langer op de hoogte van wat er op het menu staat. Rustig nadenken over wat lekker is, begint bij het bedenken van het menu.

Je eigen inkopen doen bij de wijnwinkel betekent ook dat je meer wijn voor je geld krijgt dan elders.

Hier moet je het voordeel van een goede wijnwinkel uitbuiten. Als je er nog niet helemaal uit bent hoe je je recepten gaat combineren met wijn, dan kun je bij de wijnwinkel je ei kwijt. Daar kan men je goed adviseren!

"Ik heb het altijd vreemd gevonden dat mensen wel twintig of dertig euro willen betalen voor een fles wijn als ze uit eten gaan, maar thuis niet boven de vijf uit komen. Doe eens gek, gebruik je eigen keuken en tafel om de wereld van wijn te ontdekken."

BEWAREN VAN HALFVOLLE FLESSEN

Een fles gaat niet altijd helemaal op. Je hebt zin in rood en wit, of je bent met z'n tweeën en er moet morgenvroeg weer gewerkt worden. Laat je door dat soort overwegingen niet uit het veld slaan en maak open waar je zin in hebt. Die halve fles is nog niet weggespoeld.

Ik ben geen fan van vacumerende stoppers, die proberen de fles luchtvrij te maken. Als je de lucht uit de fles pompt, neem je ook fruitaroma's mee die je erin wilt houden.

Wijn wordt oud van zuurstof. In een kleine fles zit minder zuurstof dan in de helft van de grote fles die al op is. Bewaar dus een kleine fles die je goed hebt schoongemaakt met warm water. Het is helemaal netjes als je hem even naspoelt met een klein beetje wijn. Glazen test je door eraan te ruiken, dus dat geldt hier ook. Zeep of muffe luchtjes betekenen dat de fles nog niet schoon genoeg is. Vul hem met de wijn die je morgen gaat drinken. Een kurk of andere stopper erop en in de koelkast zetten. Liefst niet in de deur, want daar beweegt de fles meer en wordt er zuurstof in de wijn geschud. Denk je er wel om dat de wijn weer op temperatuur moet komen?

Champagne is trouwens ook prima houdbaar. Zeker niet vacumeren, die bubbels moeten erin blijven. Als je de fles neerzet met een simpele kurk erop, dan zal er een laagje koolzuur op de wijn komen dat de smaken een dag of wat heerlijk fris en schoon houdt.

IN WELKE VOLGORDE DRINK JE WIJN?

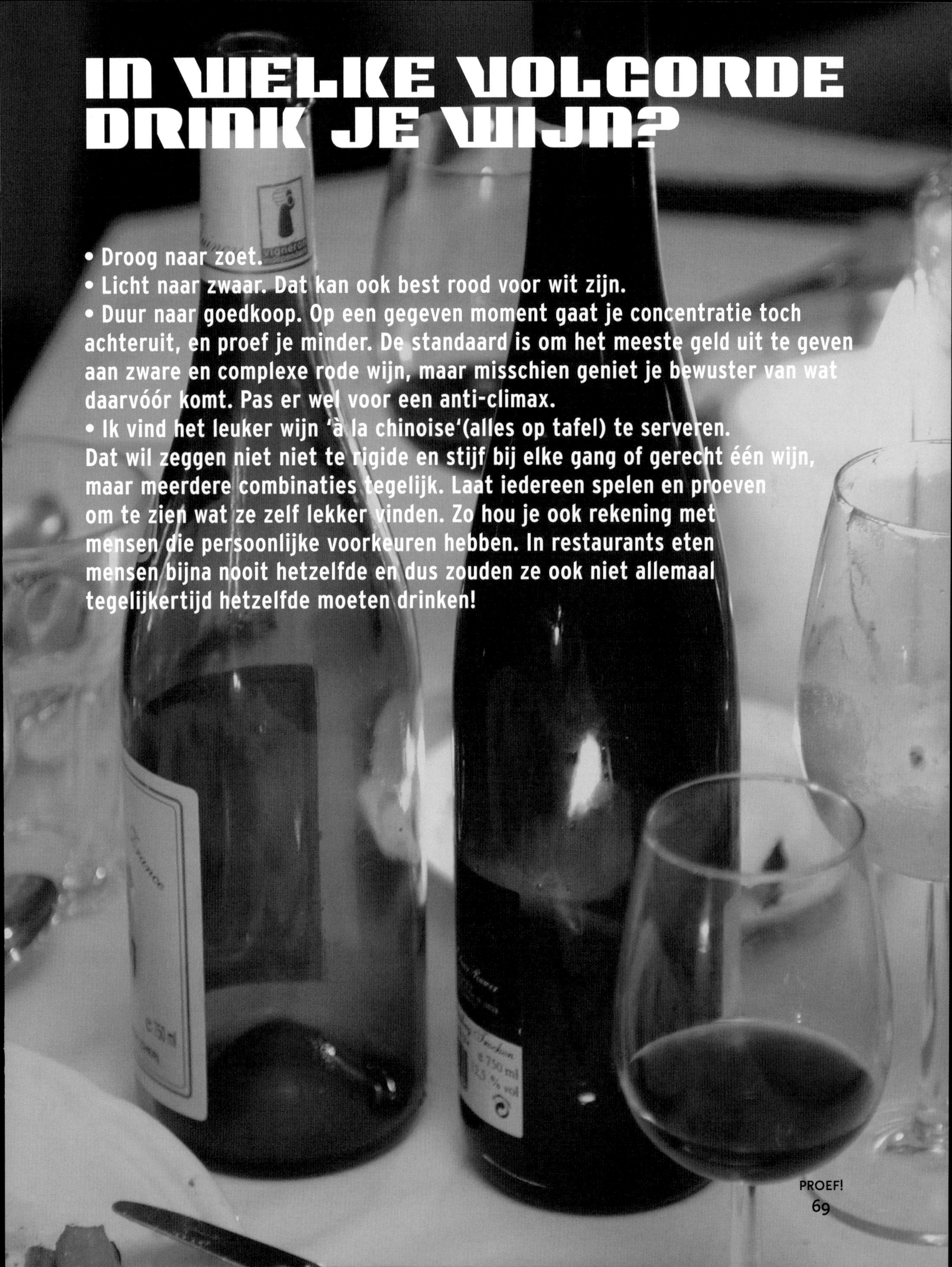

- Droog naar zoet.
- Licht naar zwaar. Dat kan ook best rood voor wit zijn.
- Duur naar goedkoop. Op een gegeven moment gaat je concentratie toch achteruit, en proef je minder. De standaard is om het meeste geld uit te geven aan zware en complexe rode wijn, maar misschien geniet je bewuster van wat daarvóór komt. Pas er wel voor een anti-climax.
- Ik vind het leuker wijn 'à la chinoise'(alles op tafel) te serveren. Dat wil zeggen niet niet te rigide en stijf bij elke gang of gerecht één wijn, maar meerdere combinaties tegelijk. Laat iedereen spelen en proeven om te zien wat ze zelf lekker vinden. Zo hou je ook rekening met mensen die persoonlijke voorkeuren hebben. In restaurants eten mensen bijna nooit hetzelfde en dus zouden ze ook niet allemaal tegelijkertijd hetzelfde moeten drinken!

UIT ETEN IN EEN RESTAURANT

In een restaurant heb je minder controle over de wijn die geserveerd wordt, maar de mensen daar hebben er hopelijk meer verstand van. Ze maken er echt werk van om voor jou iets lekkers uit te kiezen. Hieronder volgen enkele tips: waar moet je op letten en wat moet je vermijden?

- De wijnkaart is handgeschreven of geprint. Kenmerk van een goed restaurant is dat ze werk maken van de wijnkaart. De huiswijn is goed en er is een keuze aan wijn die per glas wordt geschonken; Voor twee of drie personen die geen hele flessen opkunnen, maakt een arrangement het mogelijk om toch meerdere dingen te proeven.
- Een gedrukte kaart betekent meestal dat het café of restaurant de wijn bij de groothandel haalt die ook de kaart heeft gemaakt. Geen eigen keus en smaak dus.
- Op de wijnkaart staan alleen bekende namen. Bordeaux en Bourgogne kunnen heel lekker zijn. Als ze de enige keus zijn dan is het óf de absolute top op een wel zeer klassieke en oubollige manier, óf het is de slechtste massakwaliteit.
- Staat er een uitleg bij die je op weg helpt? Of komt de bediening dat voor je doen? Dan zit je aan tafel bij mensen die hun vak verstaan.

BRING YOUR OWN (BYO)
In sommige landen, zoals Australië, is het heel gewoon om je eigen fles wijn mee te nemen naar een restaurant. Dat komt o.a. door lokale wetgeving, maar hier is het ook zinnig.
Je betaalt vaak een bedrag (bijvoorbeeld de prijs van een fles huiswijn) om je eigen consumptie op te mogen drinken. In Nederland is dit niet zo bekend; maar ik doe het af en toe.
Vraag wel even van tevoren of je gastheer of vrouw het er mee eens is.

Er zijn drie hele goede redenen voor BYO:
- Je kunt op deze manier echt drinken waar je zin in hebt.
- Als de wijnkaart niet interessant genoeg is, kun je 'm zo interessanter maken.
- Je kunt wijn drinken waar normaal gesproken in een restaurant een onbereikbaar prijskaartje aan hangt.

Leg uit waarom je zelf iets mee wilt nemen, en laat ze dat proeven. Dan heeft iedereen er iets aan!

HOE GA JE JE KEUZE MAKEN?
Begin met het doorkijken van de wijnkaart en vraag aan de anderen of zij een voorkeur of een idee hebben.

Bedenk wat je ongeveer uit wilt geven. Tussen de twintig en dertig euro? Of tussen de dertig en veertig euro? Of is de sky de limit? De sommelier mag je nooit een kant op duwen waar je niet heen wilt. Als deze blijk van slechte service wordt gegeven, zeg dan rustig dat je daar niet aan denkt; of wijs iets aan in de prijsklasse die jij in gedachten hebt. Dan komt de boodschap wel aan.

Als je het gevoel krijgt dat ze in het restaurant weten waar ze mee bezig zijn, dan kun je veiliger iets duurs drinken. Die simpele Chardonnay uit Chili kun je zelf ook wel in de winkel kopen. Neem een onbekendere wijn waar ze echt achter staan en laat je verrassen.

Open wijn heeft voor- en nadelen. De wijn kan al sinds gisteren open zijn en aan frisheid verloren hebben (vooral belangrijk aan het begin van de avond). Is er wel geproefd of die halve fles van gisteren nog perfect is? Een aardige selectie kan wel weer veel flexibiliteit bieden. Je wilt een fles nemen, maar een tafelgenoot heeft een voorgerecht waarbij hij iets roders en zwaarders wil drinken? Dan kan een glas uitkomst bieden. Misschien zijn er ook wel halve flessen. Daar bereik je hetzelfde effect mee, terwijl de kwaliteit constanter is.

Is goedkoop een goede koop? De wijnen in de lage prijsklasse hebben vaak een relatief hoge marge, terwijl de kostbaarste wijn onbereikbaar is. Het 'midden' van de wijnkaart vormt een mooi compromis. Bedenk ook dat grote namen (Chardonnay, Bordeaux) altijd makkelijk verkopen. Hier zit snel een hogere marge op dan op kleinere gebieden en onbekendere druiven. Beroemde chateaux hebben om dezelfde reden vaak een slechte prijs/kwaliteit verhouding.

Check hoe de wijnkaart is opgebouwd. Per streek, smaak of kleur? Als je de weg kent, is het makkelijker vinden wat je zoekt.

Als de wijnkaart er niet heel standaard uitziet, dan hebben de restaurantmedewerkers hun best gedaan om leuke dingen uit te kiezen. Op zoek naar nieuwe smaken voor een prettige prijs kom je al snel in minder bekende landen en streken uit. Vertrouw er dan ook op dat ze je hier goed advies kunnen geven en dat de wijnen hun geld waard zijn.

Je kunt je keuze baseren op de menukaart, en daarna de wijn erbij zoeken. Of je kunt kiezen van de wijnkaart, en daarna het eten erbij zoeken. Voor allebei valt iets te zeggen. Meestal doen mensen het eerste. Het zal de bediening motiveren extra hun best te doen als je om het tweede vraagt!

Gebruik de sommelier! Ze zijn er niet om je je dom en onhandig te laten voelen, maar omdat ze gek zijn op wijn en er veel kennis van hebben. De mensen die in het restaurant werken, kennen hun wijnen sowieso beter dan jij. Vraag naar wat zij lekker vinden en beschrijf wat je zelf vaak drinkt. Daar komt al snel een goede suggestie uit.

WAAR MOET JE OP LETTEN BIJ HET OPENEN EN PROEVEN VAN EEN FLES IN EEN RESTAURANT?

- Bekijk de fles om te zien of het het goede jaar en de goede producent is. Obers met haast kunnen de verkeerde gepakt hebben (soms ook in je voordeel, maar dat terzijde).

- Aan de kurk ruiken en erin knijpen vind ik onzin. Er kan in theorie wel wat mis mee zijn, maar dat geldt voor flessen die lang in een kelder hebben gelegen. Wij eten niet elke dag in restaurants waar dat gebeurt. Uiteindelijk gaat het niet om de kurk, maar om de wijn. Die moet je testen!

- Proeven doe je niet om te weten of de wijn lekker is, maar om te checken of deze ene fles goed is. Kurksmaak? Onfrisse geurtjes? Fletse kleur? Het blijft een natuurproduct en er kan altijd iets fout zijn gegaan. Het restaurant zal een foute fles ook gewoon terugsturen naar de leverancier. Vraag bij twijfel wat de bediening ervan vindt. Bij deze test hoort trouwens ook het beoordelen van de temperatuur en de glazen. Als er iets muf ruikt dan kan het een glas zijn. Vraag om een koeler als je de wijn te warm vindt.

- Bij twijfel is de ultieme test om nog een fles open te maken. Als er verschil is, dan weet je hoe laat het is. Bedenk wel dat als je iets bestelt dat je smaak niet is, het nog niet teruggenomen hoeft te worden. Heb je je laten adviseren en is het niet goed uitgevallen, vertel dan waarom. Zo krijg je al snel een alternatief. Wees daar overigens wel erg blij mee. Het restaurant manoeuvreert zich in een positie waar het omzet misloopt om jou blij te maken.

KURK

Je kent het wel: de wijn heeft een uitgesproken muffe smaak.
Dat is dan 'kurk': een besmetting van wijn door een molecuul dat TCA heet. Chloor wordt gebruikt om onder andere kurk te ontsmetten en sommige natuurlijke gisten gaan een reactie aan met het chloor.
Dat levert TriChloorAnisole op in de wijn. De besmetting komt meestal van chloormoleculen in de kurk. Soms ook van sporen op houten pallets of wat dan ook in de kelder. Het kan in theorie dus zijn dat een fles met een schroefdop kurk heeft. In bijna alle gevallen komt het toch door de kurk zelf.

Elke fles die kurk heeft, kun je resoluut terugsturen in een restaurant of teruggeven aan de winkel. Je krijgt gewoon een nieuwe.

Hoe weet je zeker dat je met kurk te maken hebt?
Kurk geeft een muffe, stoffige en bedompte neus. Denk aan een natte jute zak; een vochtige kelder. Om een idee te krijgen: Spa rood met citroen. Dat zijn op zich allebei frisse zaken, maar als je ze samenvoegt krijgt het een muffe geur. Alsof het water kurk heeft.

Kurk, plastic of metalen schroefdoppen?
Er zitten tegenwoordig allerlei soorten doppen in en op wijnflessen om ze af te sluiten. In plaats van de klassieke natuurkurk zie je steeds vaker plastic 'kurken' en schroefdoppen. Of de wijn zit helemaal niet meer in een fles. Bag-in-Box is een zak met wijn in een doos. Vroeger was dit het terrein van slechte massaproductie. Tegenwoordig doen goede producenten hun huiswijn vaker in deze dozen. Sommige boeren voelen zich gedwongen om een alternatief te zoeken voor natuurkurk. De kwaliteit van de kurken is zo slecht en wisselend dat ze er niet op kunnen vertrouwen. Hun dierbare kindjes willen ze zo goed mogelijk aankleden. Hier zie je duidelijk de pioniersmentaliteit van de nieuwe wereld. Kurk niet goed? Weg ermee dus, en het beste alternatief nemen. Voor veel producenten speelt trouwens ook een rol dat een goede kurk heel duur is. Er zijn allerlei tests en experimenten aan de gang om te ontdekken wat nu eigenlijk de werking van kurk is op langere termijn. Door en langs de kurk sijpelt een minieme hoeveelheid zuurstof die invloed heeft op het rijpingsproces in de fles. Andere stoppers sluiten hermetisch af. De wijn zal dus een ander leven gaan leiden. Een definitieve uitslag is nog niet

bekend. Maar hoe vaak drink jij oudere wijn, en in hoeverre maakt dit dus iets uit? Het oog wil ook wat en een kurk is wel wat romantischer dan een schroefdop. Vooral het imago speelt hier mee. Goede wijn met schroefdoppen bestaat, maar mondjesmaat. Je verwacht een schroefdop toch eerder bij wijn die op de onderste schappen van de supermarkt staat.

Het gaat uiteindelijk om de wijn en niet om het gedoe eromheen. Laat ze maar de lekkerste wijn maken, en die zo goed mogelijk verpakken. Wijn voor snelle consumptie mag best met een plastic kurk of anders met een schroefdop afgesloten worden. Minder kans op kurksmaak! Wijn voor wegleggen en voor de lange termijn moet nog steeds bij voorkeur met een kurk afgesloten worden.

Wat betreft imago, opvoeding en dat soort dingen: alle (en dus ook de beste) champagne ligt jaren met een kroonkurk te wachten totdat we 'm lekker vinden. Dat is nog nooit een probleem geweest, behalve voor heel grote flessen. Daarin zit zoveel prik en druk dat die simpele bierdop het niet houdt.

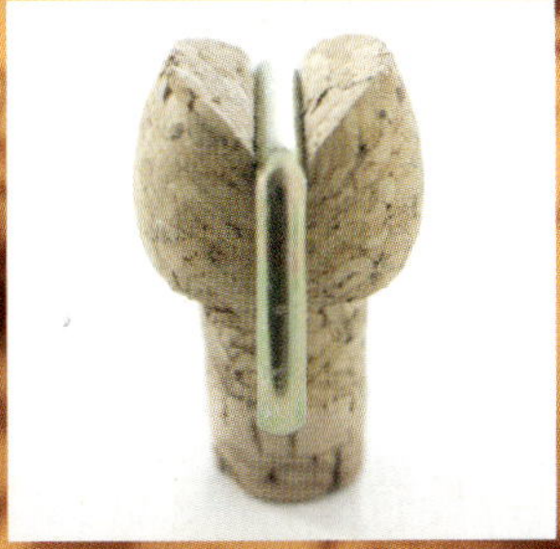

BIOLOGISCH

Biologische producten krijgen steeds meer aandacht van ons; en terecht. Het maken van biologische wijn is minder belastend voor het milieu. Ook voor jezelf. De concentratie van slechte stoffen is lager. Vaak beginnen boeren overigens biologischer te worden omdat ze zelf last hebben van de chemicaliën. Het imago van biologische wijn zit nog steeds in de geitenwollensokkenhoek. Veel producenten zullen daarom nooit op hun flessen zetten dat ze biologisch werken. Daar willen ze niet mee geassocieerd worden; wel met dat ze de allerbeste wijn hebben. Andersom hebben veel biologische aangemerkte wijnen het probleem gehad dat ze vies waren. Zonder bestrijdingsmiddelen druiven produceren wil nog niet zeggen dat je ook briljante wijn kunt maken.

Het predikaat 'biologisch' is nogal een definitiekwestie. Er zijn certificaten van verschillende organisaties, die niet allemaal met elkaar door één deur kunnen. Die lopen dus niet allemaal gelijk, en wat er nog mag is vaak meer dan je zou verwachten. Iets anders is, dat de regels van oorsprong gericht zijn op landbouw. De productie van druiven dus. Wijn komt ook voor een groot deel uit een kelder. Daar moeten aparte en zinnige eisen voor zijn.

Je moet voor jezelf bedenken hoe belangrijk biologisch is. Ik vind wijn pas belangrijk als het lekker is en daar begint mijn interesse voor biologische wijn dus ook.

KATERS

Auw! Dat was toch wel erg gezellig. Er zit dus niet alleen smaak in wijn, maar ook alcohol en andere stoffen die achteraf een minder prettig effect hebben op je lichaam. Kun je die kater voorkomen?
Het recept is:

• Het maakt niet zoveel uit wat je drinkt en in welke volgorde.
Veel belangrijker is de hoeveelheid; minder drinken!
• Eten is lekker bij wijn en zorgt ervoor dat het effect minder pittig is.
Goed eten!
• Veel water drinken, tijdens en na de wijn.
Katers zijn uitdrogingsverschijnselen.
Je lichaam heeft water nodig om (weer) goed te functioneren.
• Iedereen reageert anders op zwavel, alcohol en andere katerige stoffen.
Leer jezelf wat dat betreft ook kennen.

HOOFDSTUK 4

WIJN BIJ JE BORD

Over wijn en combinaties met eten is al ontzettend veel gezegd.
Zorg ervoor dat je niet bang bent het 'verkeerd' te doen.
Ga bij het bedenken van combinaties uit van eten en wijn
die je zelf lekker vindt.
Je eigen smaken zijn harmonieus en vertrouwd.
Een goed begin.

**WIT ALTIJD BIJ VIS?
ROOD BIJ VLEES?
NEE DUS! WANT MISSCHIEN VIND JIJ WEL IETS HEEL ANDERS LEKKER.
LAAT JE NIET BEPERKEN DOOR REGELS. NATUURLIJK ZIJN ER WEL
EEN AANTAL ZAKEN WAAR JE REKENING MEE KUNT HOUDEN.**

GROTE WIJN

Iedereen heeft zich wel eens afgevraagd waarom die onherbergzame harde smaken in wijn zitten. Hard bitter en straf zuur. Dat is toch niet lekker? Met eten erbij ontdek je dat dat toch wel zo is. Die ruggengraat is zelfs nodig.

WATER EN WIJN

We drinken water bij het eten omdat zo het kauwen en slikken makkelijker gaat.
Je drinkt wijn bij het eten omdat die de smaakervaring nog intenser kan maken.
Lekkere wijn en lekker eten kunnen samen nog beter worden!

LICHT NAAR ZWAAR

Wijn kiezen bij het eten begint bij slechte combinaties vermijden. Het een mag het ander niet overheersen of vies benadrukken.
Het is ideaal als de smaken elkaar aanvullen en versterken. Let door de hele maaltijd heen op de opbouw. In principe drink en eet je van licht naar zwaar. Na een zeer sterke smaak is het lastig om iets lichts en fragiels nog goed te proeven.

DE BASICS

Smaken die qua structuur en mondgevoel een familieband hebben, combineren lekker.
Romige gerechten en wijn met een boterig karakter vullen elkaar goed aan. Contrast zorgt op een andere manier voor verband.
De smaken heffen elkaars slechte kanten op en benadrukken de goede. Bij een zwaar, vet gerecht mag best een frisse en zure wijn gedronken worden. Anders wordt het geheel te log.

VIS EN ROOD

Vis heeft een subtiele, lichte smaak, dus pas op met zware wijn. Een zuurtje verlevendigt de vis en breekt de vetten. Vandaar die kappertjes en het schijfje citroen. Witte wijn heeft meer frisse zuren en een lichter karakter dan rode wijn.
Daar komt de klassieke combinatie vandaan.
Maar denk niet dat rood onmogelijk is bij vis.
Gekoelde Cabernet Franc uit de Loire kan erg lekker zijn. Pinot Noir, Valpolicella; er zijn nog veel meer rode wijnen die frisse, elegante smaken hebben en goede kandidaten zijn bij een visgerecht.

BBQ?

Hoe het eten is klaargemaakt speelt ook mee.
Hoe harder vis of vlees wordt bereid, hoe steviger de smaak. Vis pocheren of op houtskool grillen is een groot verschil.
Dat kun je goed terug laten komen in je wijn.
Neem in het eerste geval de lichtste, fraaiste wijn; in andere gevallen kies je een ruigere, stevigere smaak.

TAKE A SALAD
Wijn en azijn (en andere heel zure dingen) gaan slecht samen. Het felle zuur kleedt de wijn uit tot je alleen maar astringente smaken overhoudt. Salades met een heftige dressing zijn lekker en fris, maar hierbij moet je misschien maar even geen wijn drinken. Probeer azijn met meer body en een zware smaak als sherry-azijn of balsamico. Een trucje is om een deel van de azijn te vervangen door de wijn die je erbij drinkt. Dan komen de smaken vanzelf naar elkaar toe. Echt nodig heb je wijn niet bij salade; sla is van zichzelf 'nat' genoeg. Dit is ook de reden dat je bij soep eigenlijk niets hoeft te drinken.

TOMAAT: SWEET & SOUR
Tomaat heeft flinke zuren en ook zoete smaken. Veel rode wijn wordt overschaduwd door tomaat. Vaak is Riesling een goede kandidaat. Kies er wel één met body.

VEGGIE WORLD
Groente wordt vaak als bijzaak gezien. Tijd om daar iets aan te veranderen? Let erop dat groente een heel scala aan smaken beslaat.
Zuur(kool)
Zoet, vooral afhankelijk van de bereidingswijze maar ook natuurlijk (biet, pompoen)
Bitter, met name lof en andijvie
Zoute groente groeit aan de kust, lamsoor of zeekraal.
Vet is groente meestal niet. Wel geven ze soms hetzelfde gevoel door de bereidingswijze.

SOEP
Bij soep en wijn gelden dezelfde regels die ook voor andere gerechten opgaan. De zuurgraad in witte wijnen kan goed tegenwicht geven aan romige soepen. De diepe, krachtige smaken van donkere vleesbouillons en tomaat hebben meer power nodig. Zeker als het echt een winterse soep wordt met substantie van linzen of bonen, kunnen rode wijnen met flinke tannines op hun plek zijn. Bij zware vissoep zoals bouillabaisse zou ik eerder een ferme, droge witte wijn kiezen. Fino of manzanilla-sherry is er standvastig genoeg voor.

SPICY THAI CURRY?
Scherp en pittig eten verdooft je mond. Neem dan ook niet de alleredelste wijnen uit je kelder. Die bewaren we voor een minder agressieve partner. Thais eten is vaak scherp met een zure, romige of zoete bijsmaak. Die drie-in-één kun je ook in je wijn terugvinden. Kies bijvoorbeeld Riesling: fris, een beetje restsuiker en zacht mondgevoel. Chenin uit de Loire (Savennières) heeft ook vaak een licht zoetje dat goed combineert met Thais eten. Voor curry's met donkerdere, aardsere smaken neem ik liever een Cabernet Franc uit Saumur-Champigny.
Ook weer om die contrasterende zuurgraad, maar met tannines om een bodem in de smaak te leggen. Of neem gewoon een (wit) biertje.

WIL JE ECHT DE MEEST PERFECTE COMBINATIES BEREIKEN VAN ETEN EN WIJN? DAN HEB JE NOG EEN LANGE WEG TE GAAN. ER ZIJN BOEKEN VOL GESCHREVEN ALLEEN OVER DIT ONDERWERP. NIET ZO GEK: HET KAN LEIDEN TOT IETS PRACHTIGS, EEN ENGELTJE OP JE TONG, VUURWERK IN JE MOND!

TAKE A WINE ON THE WILD SIDE

De sterke aardse smaken van wild vragen om aroma's die daar iets mee kunnen. Pinot Noir heeft soms eenzelfde aromatische kant als mooi zacht fruit. Voor nog stevigere smaken kies je een Nebbiolo uit Barolo. Even geurig, maar zwaarder in de tannines. Het zuidwesten van Frankrijk grossiert in zware wijn; van duur en edel in selecte stukjes Bordeaux tot boers en spannend in het land daarachter.

HAWAÏAANSE HAPJES

Bij exotisch eten uit streken waar geen wijn vandaan komt, zijn er geen klassieke wijncombinaties. Neem wijn die niet heel erg uitgesproken is. Geen saaie wijn, dat nooit. Kies wijn die niet heel erg zuur, zoet of bitter is. Dan krijg je geen nare verrassingen van hard vloekende smaken. Bijvoorbeeld rood met genoeg fruit en milde tannines.

LEKKERE WIJN EN IDEALE COMBINATIES

In situaties waar mensen verschillende dingen eten, wordt het al snel lastig om ideale combinaties te creëren. Het belangrijkste is dat er lekker eten is en lekkere wijn; dat wordt al snel wat.

WIJN EN ETEN UIT ÉÉN STREEK

Eten en wijn uit dezelfde streek vormen vaak een goed paar. De inwoners hebben het daar al zolang bij elkaar gegeten en gedronken dat er langzamerhand ideale combinaties uit zijn voortgekomen. De keuken is naar de wijn gaan staan en andersom natuurlijk.

KAAS

Bij blauwe en andere sterke kaas is zoete witte wijn vaak beter dan droge rode wijn. Het vet in kaas heeft een negatieve uitwerking op rood; dat kan er niet tegenop. Zoete wijn heeft een mondgevoel dat er meer op lijkt.

- Bij jonge kaas, bijvoorbeeld geitenkaas: kies een frisse witte wijn.
- Vette kaas zoals camembert blijft moeilijk te combineren. Probeer een zwaargewicht met veel smaak te vinden die er tegenop kan.

Een oplossing is een eau de vie. Sterke drank gestookt van dingen als peer of framboos. De alcohol is mans genoeg voor de kaas, en fruit is lekker bij kaas.

- Harde kaas, oude boerenkaas of parmezaan: kies een fruitige rode wijn.
- Blauwschimmel: kies een zoete of licht zoete

BROERTJES, ZUSJES OF JUIST GEEN FAMILIE?
Ganzenlever (als je het nog wilt eten) met zoet is een klassieker (foie gras en Sauternes). De combinatie werkt zo goed doordat het mondgevoel hetzelfde is. Het eten en de wijn hebben dus wat gemeen, net als broers en zussen in de meeste families. Maar de zware, vette substantie is er ook bij gebaat om gebroken en opgekrikt te worden door iets fris en zuurs. Dat augurkje ligt er niet voor niets bij. De combinatie met een tegengesteld kenmerk kan dus ook toekomst hebben. Wijn die zowel zoet als zuur in zich heeft, is een late oogst van Riesling: zoet met heldere elegante zuren.

TREK DE FLES OPEN AAN HET FORNUIS!
Je kunt aan het fornuis je combinatie nog rustig finetunen. De wijn is een kant-en-klaar product. Daar verander je niets meer aan. Maar door te experimenteren met het eten is er nog veel succes te behalen. Dus proef je wijn tijdens het koken en probeer het eten eraan aan te passen.

SAUZEN EN SMAAKMAKERS
Let op! 'Wijn en eten'-tips gaan meestal over het hoofdbestanddeel van een gerecht: kip in de Coq au vin, aubergine in de Melanzane alla parmigiana.

Maar je moet minstens zo goed letten op de andere ingrediënten. De sauzen en andere smaakmakers spelen de grootste rol in het karakter van het gerecht. Ze zijn bepalend voor de combinatie van eten en wijn.

SUGAR ME BABY
Zoet bij zoet; zorg ervoor dat je wijn zoeter is dan het toetje. Anders benadrukt het eten alleen maar de zure kanten van de wijn. Eigenlijk zijn veel toetjes te romig en te zwaar voor veel wijn. Bewaar je allerbeste Sauterne of Trockenbeerenauslese liever voor een ander moment. Drink 'm bijvoorbeeld met fruit of nootjes.

Chocola is moeilijk. De zware, vette, zoete en/of bittere sterke smaak van chocola is bijna niet bij te houden. Sommige wijnen kunnen het. De zoete rode wijn uit Banyuls en de zoete Pedro Ximenez-sherry zullen de kop niet laten hangen. Probeer anders een espresso.

Zoek het in gelijkenis of juist in het contrast.

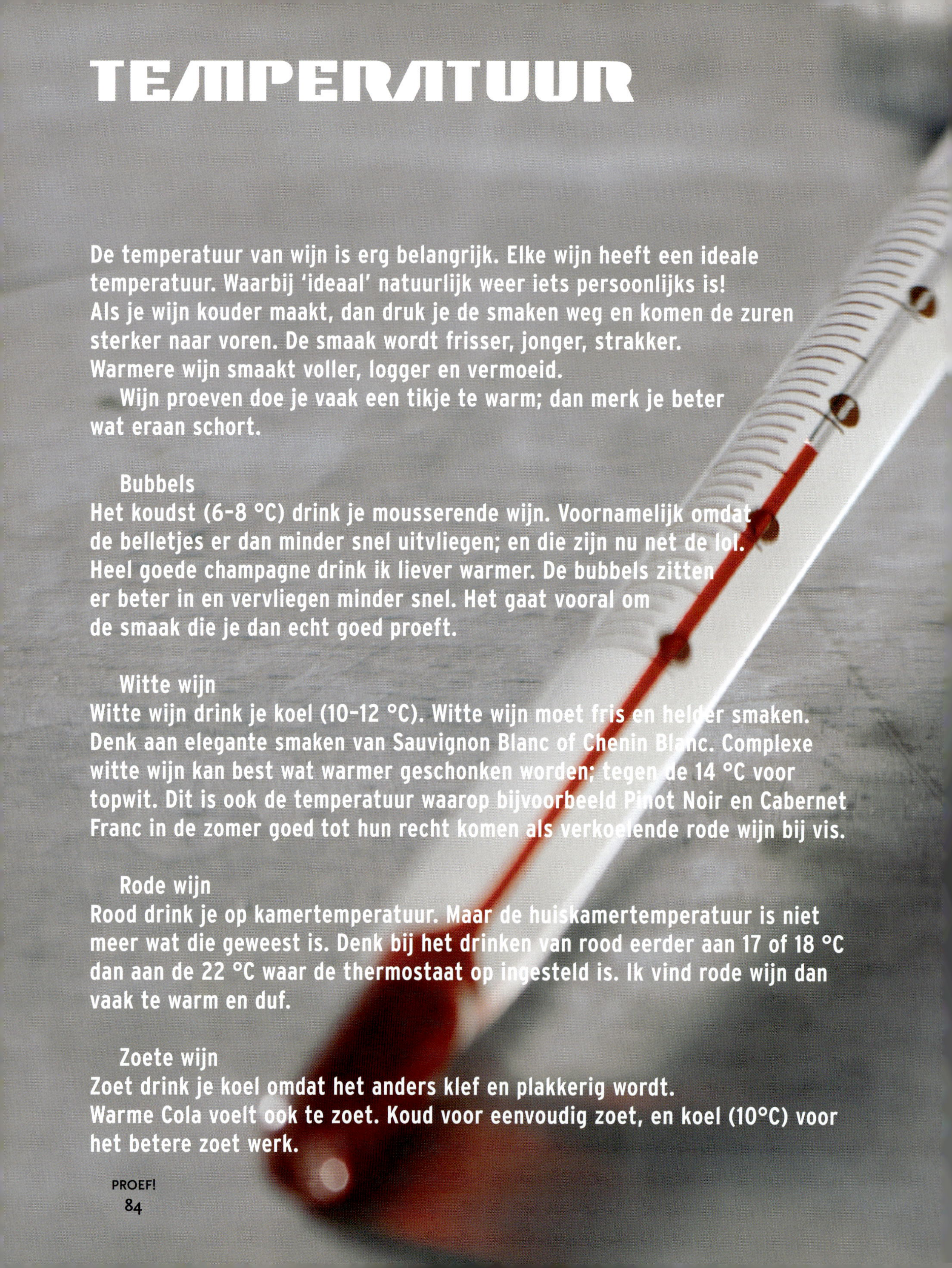

TEMPERATUUR

De temperatuur van wijn is erg belangrijk. Elke wijn heeft een ideale temperatuur. Waarbij 'ideaal' natuurlijk weer iets persoonlijks is! Als je wijn kouder maakt, dan druk je de smaken weg en komen de zuren sterker naar voren. De smaak wordt frisser, jonger, strakker. Warmere wijn smaakt voller, logger en vermoeid.

Wijn proeven doe je vaak een tikje te warm; dan merk je beter wat eraan schort.

Bubbels

Het koudst (6–8 °C) drink je mousserende wijn. Voornamelijk omdat de belletjes er dan minder snel uitvliegen; en die zijn nu net de lol. Heel goede champagne drink ik liever warmer. De bubbels zitten er beter in en vervliegen minder snel. Het gaat vooral om de smaak die je dan echt goed proeft.

Witte wijn

Witte wijn drink je koel (10–12 °C). Witte wijn moet fris en helder smaken. Denk aan elegante smaken van Sauvignon Blanc of Chenin Blanc. Complexe witte wijn kan best wat warmer geschonken worden; tegen de 14 °C voor topwit. Dit is ook de temperatuur waarop bijvoorbeeld Pinot Noir en Cabernet Franc in de zomer goed tot hun recht komen als verkoelende rode wijn bij vis.

Rode wijn

Rood drink je op kamertemperatuur. Maar de huiskamertemperatuur is niet meer wat die geweest is. Denk bij het drinken van rood eerder aan 17 of 18 °C dan aan de 22 °C waar de thermostaat op ingesteld is. Ik vind rode wijn dan vaak te warm en duf.

Zoete wijn

Zoet drink je koel omdat het anders klef en plakkerig wordt. Warme Cola voelt ook te zoet. Koud voor eenvoudig zoet, en koel (10°C) voor het betere zoet werk.

Nu de praktijk: hoe bereik je die ideale temperaturen en hoe weet je dat je er bent?

• Er zijn allerlei thermometers te koop, maar je kunt beter proeven. Als je tijdens het koelen merkt dat het zover gaat dat er steeds minder smaak overblijft, dan is er geen man overboord. Gewoon op tafel zetten en het eerste glas rustig opdrinken. Dan is de rest van de fles perfect.

• Je ijskast is eerder koud dan koel. Als je een fles lang (bijvoorbeeld een dag) zo weglegt, dan moet hij weer opwarmen. Een halfuurtje is meestal genoeg om door en door koel te worden.

• Water met ijs erin is zeer effectief om te koelen. De fles moet zoveel mogelijk onder staan; anders wordt de onderste helft koud en de bovenste... die drink je het eerst op. Resultaat is een lauwe eerste helft en een te koude tweede. Draai anders de fles na vijf minuten even ondersteboven. Koude vloeistof wil zakken zodat de temperatuur mooi gelijk wordt.

• Koelemmers vind ik charmant en feestelijk. Ik koop ze waar ik kan en geef ze cadeau waar het nodig is. Any emmer is natuurlijk nuttig genoeg voor dit doel. Aspergepannen, vazen, grote jampotten; ik heb ze allemaal gebruikt.

• Als wijn echt te koud is dan werkt een emmer met warm water op precies dezelfde manier. Maak het water niet echt heet; dan gaat het te snel.

HOOFDSTUK 5

WAAR KOOP IK WIJN?

Waar ga ik wijn kopen en waarom?
Wijnhandel, supermarkt? Binnenland of buitenland?
Duur = lekker? Wat kies je voor je geld en waarom?

De vraag over het waar en waarom van het wijnkopen.
Onderweg ff snel iets meepakken? Altijd voorbereid zijn met je goed en zorgvuldig samengestelde 'wijnkelder'? Het kopen van wijn gaat over wat je mogelijkheden zijn en wat je uit wilt geven.
Als je daar achter bent, dan is de juiste plek snel gevonden.

SUPERMARKT

De 'supermarkten' zijn de grootwinkelbedrijven van Nederland.

Het grote voordeel van hier wijn kopen is natuurlijk het gemak. Je bent er toch al en neemt nog even een flesje wijn mee.

Niet die hoge drempel van een wijnwinkel waar je moet uitleggen wat je wilt terwijl je dat eigenlijk niet weet.

Aan de andere kant: als je op het rugetiket van een fles met het paarse smaaktype kijkt, en er staat dat de wijn geschikt is bij kipgerechten en pasta, dan slaat de twijfel toe.
Zijn die roerbaknoodles met kip, een pepertje, oestersaus en koriander wel wat de proever voor ogen had toen hij dat opschreef?
Die vriendelijke jongen die vakken staat te vullen weet het ook niet zeker...

De eerste wet van de supermarktwijninkoper luidt; 'is er genoeg?' Supermarkten hebben vooral veel nodig. Niet iedereen kan dat leveren. Daarom heb je het meteen over een specifiek deel van de wijn. De massa.

Alle wijn die bij de supermarkt staat, komt uit een 'fabriek'. Grote bedrijven met veel anonieme wijngaarden. Enorme installaties waar geen meesterhand aan te pas komt, maar alles computergestuurd is.

Supermarkten zijn wat mij betreft het best in laag geprijsde wijn. Zeg maar tussen de drie en zes euro. Daar hebben ze ook geen concurrentie van de wijnwinkels.

Die wijn kan heel goed gemaakt zijn.
Niet altijd met een persoonlijk karakter of artistieke signatuur, maar technisch correct gemaakt. Alles zit op zijn plek, en niets stoort of ligt dwars. Lekker dus om gewoon te drinken. De kans dat je er nog eens aan terug denkt blijft klein.

Er zijn in Nederland hele goede gidsen samengesteld over supermarktwijn en goedkope wijn. Hier staat heel duidelijk in welke flessen de moeite waard zijn en welke je moet laten staan. Om slechte wijn en andere teleurstellingen te voorkomen; gebruik ze! (bijv. De Supermarktwijngids van Nicolaas Klei).

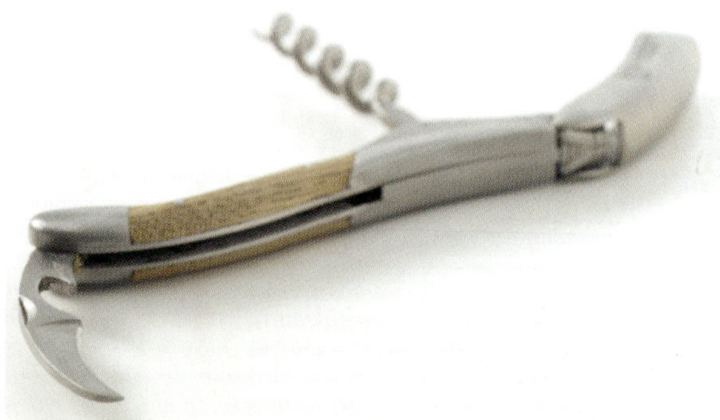

WIJNWINKEL

Met 'wijnwinkels' bedoel ik de winkels waar mensen werken die zelf de wijn hebben uitgekozen. Die wijn komt soms van grossiers, maar vaak importeren deze winkels (een deel van) hun wijn. Ze kopen dan direct van de boer en weten van de hoed en de rand. Deze wijn is het handwerk van een echte wijnboer en dat is lekkerder dan machinaal gemaakte hectolitermassa.

De kleine winkel en de supermarkt hebben een overlappende markt rond de zes euro. Allebei hebben ze goede wijn voor dat geld, maar in de wijnwinkel is de selectie beter. Er zitten minder rotte appels tussen. Je kunt op de supermarkt niet vertrouwen. Als je blind iets uit een schap gaat trekken, doe dat dan bij een wijnwinkel.

Wijnwinkels zijn misschien wat verder weg dan het eerste schap met flessen dat je voorbij ziet komen, maar er is ook bij jou in de buurt wel iets te vinden.

Je zoekt, maar kan niets vinden? Probeer het eens zo. Wijnwinkels willen best dozen jouw kant opsturen. Overleg over wat, hoe vaak en hoeveel. Er is vast wel een mouw aan te passen. Kijk anders op het net.

Internetwinkels. Wijnwinkels, maar dan aan huis. Wel het voordeel van de professionele selectie en het werken met goede producenten; minder persoonlijk contact en service. Als je de goede neemt, zit het snor met de wijn, en kun je ook nog je vragen over de mail stellen.

DRIE VOORDELEN VAN EEN GOEDE WIJNWINKEL:

Als je vaker naar dezelfde wijnwinkel gaat, weten de medewerkers na verloop van tijd wat je voorkeuren en afkeuren zijn. Dat is een grote steun als je weer eens met de vraag zit wat je nu weer moet of wilt drinken.

Mensen die wijn direct van de boer kopen, kennen hun producenten door en door. Ze weten precies wat er op wijngaardniveau in een streek speelt.

Ze kennen hun wijnen zo goed dat de service aanzienlijk hoger is dan elders. Zeker voor de beginnende wijnkenner is dat een groot voordeel.

Bij een goede wijnwinkel heb je toegang tot iets speciaals. De importeur kan uit het grote aanbod precies dat smaakje halen dat hij lekker vindt (voor zichzelf en voor jou).

HOE HERKEN JE EEN GOEDE WIJNWINKEL?

- Proeven: organiseren ze proeverijen waar je hun assortiment kunt proeven?
- Informatie: kunnen zij jou echt wat vertellen over hun assortiment?
- Specialisatie: kiezen ze duidelijk voor een bepaalde richting?
- Maatwerk: mag je, als je bijvoorbeeld een feestje geeft, de niet aangebroken dozen of flessen teruggeven?
- Kun je glazen huren/lenen: willen ze met je meedenken?

BEWAREN VAN VOLLE FLESSEN

Wijn wordt gemaakt om op te drinken. Bewaar alleen wijn die daar tegen kan. Dit is het geval als er smaken in de wijn zitten die erg hard en jong zijn. Groene tannines en scherpe zuren worden ronder en aardser. Het frisse fruit maakt plaats voor een gewogen volwassen smaak. Soms heb ik zin in het één, soms in het ander.

Zware rode wijn is geschikt om ouder te worden als er bijvoorbeeld tannine in zit. Fruitige ronde rode wijn weer niet.

Wit kan ouder worden, maar minder vaak. Zware witte wijn die ook nog op houten vaten heeft gelegen komt het meest in de richting. Ook wijn die geen malolactische gisting heeft gehad is een kandidaat. De frisse appelzuren zijn eerder bestand tegen de tijd en geven de wijn ook later een jong karakter. Probeer eerder Riesling of Chenin oud te laten worden dan die dure Chardonnays uit de Bourgogne.

Rosé moet je bijna altijd snel opdrinken.

Mousserende wijn is vanzelf al op leeftijd. Die bubbels hebben tijd nodig gehad om in de wijn terecht te komen. Deze tweede gisting is bij de beste champagnes het langst. Wel zes of zeven jaar, maar dan heb je ook wel wijn die het kan hebben om lang te liggen. De 'ordinaire' méthode traditionelle hergist minder dan een jaar of drie en moet snel opgedronken worden. Een nadeel van de werkwijze in de Champagne is dat er vaak geen jaartal op de fles staat. Het zou handig zijn om een datum van botteling te kennen, zodat je weet welke wijn de friste is.

Zoete wijn is goed in oud worden. De suikers konfijten de wijn. Hier wel weer oppassen dat alleen de beste wijnen met houtlagering en veel frisse zuren baat hebben bij ouder worden. Bijvoorbeeld de zoete wijnen uit de Loire; die zijn na vijftig jaar soms nog hartstikke fris!

Wijn bewaren doe je met veel rust. Je hebt het volgende nodig:
• Een omgeving met constante koele temperatuur. Bij voorkeur rond de 12 °C, niet lager dan 8 °C en niet hoger dan 18 °C. Bij hogere temperatuur rijpt de wijn sneller dan in een koud milieu.
• Een tochtvrije ruimte. Een wijndoos is dat al. Laat die flessen dus in de doos.

Let er bij het inrichten van een vochtige kelder wel op dat karton vergaat en dat daardoor de inhoud kan gaan schuiven.

• Een redelijk vochtige ruimte; kurken kunnen anders uitdrogen.
• Een trillingsvrije plek. Dicht bij de wasmachine centrifugeer je je wijn naar de knoppen.
• Een donkere ruimte. UV-stralen zijn slecht voor wijn. Daarom worden groene en bruine flessen gebruikt bij wijze van zonnebril.
• Al deze eisen zitten in een klimaatkast. Die zijn duur om te kopen, maar dé serieuze optie voor huizen zonder echte kelder.

Als je bewaarwijn gaat openen, let dan op het volgende:

• Zit de kurk nog goed in de fles? Als er grote temperatuursverschillen optreden, dan wordt de kurk naar buiten gedrukt. Hierdoor verlies je wijn, maar erger is dat er snel veel lucht bij de wijn komt.
• Is de kurk klein en hard geworden? Als de vochtigheidsgraad te laag is, droogt de kurk uit en sluit de fles niet meer goed af.
• Doorweekte kurken zijn ook niet ideaal, maar minder erg. Veeg de bovenkant van de fles goed af met een schone doek. Je wilt geen stukjes kurk, prut of schimmel in je glas.
• Zit de fles nog vol? De ruimte boven de vloeistofspiegel heet de ullage. Als er na verloop van tijd veel minder wijn in de fles zit, is het foute boel.
• Bewaar alleen wijn uit goede jaren. Die is het waard om al die moeite voor te doen.
• De kleur van wijn wordt met de jaren anders. Rood en wit trekken na heel lange tijd allebei naar waterig bruin toe. Hou een glas voor een witte achtergrond om goed te zien wat voor kleur de wijn heeft. Kleur is een indicatie van de ouderdom en de smaak, maar geeft geen uitsluitsel. Dat kan alleen proeven doen.
• Als je wijn te lang bewaart, wordt hij vies. De smaken vallen uit elkaar, alle structuur en verband verdwijnt. De smaak wordt geoxideerd. Zeg maar dat typische smaakje van sherry of madeira; maar dan waar je het niet wilt hebben.

OP VAKANTIE NAAR EEN WIJNBOER

Je bent vast wel eens in de buurt van een wijnboer geweest. Of je het wist of niet. Op vakantie kom je op de mooiste plekjes. Dicht bij vers water en steile hellingen wordt op de beste locaties wijn gemaakt. Ga 's kijken.

Wijnboeren zijn gedreven enthousiaste mensen die graag willen laten zien wat ze hebben. Of je heel veel gaat kopen of niet; als je hun product serieus neemt, dan nemen ze de tijd voor jou. Om alles uit te leggen, de kelder te laten zien en vooral om alles te laten proeven. Want ze zijn trots op hun wijn en willen weten wat jij ervan vindt.

Op reis kom je vaak in de buurt van een wijngebied. Grijp je kans en ga eens kijken hoe het er daar toegaat. Rieten manden en romantiek of zakelijk roestvast staal? Wat is de stijl van de boer die je favoriete wijn maakt?

OP BEZOEK BIJ DE WIJNBOER:

Laat merken dat je enthousiast en nieuwsgierig bent.

Proef zo goed en geconcentreerd als je maar kunt.

Geef eerlijk commentaar; de hele tijd roepen dat alles lekker is, heeft geen zin. De wijnboer weet zelf goed genoeg welke wijnen beter gelukt zijn. Het gaat ook over jouw mening en smaak. Als je van lichte wijn houdt, dan kan die wijn van een ander type nog zo goed gemaakt zijn maar hij zal je nooit betoveren.

Stel vragen over de wijn en hoe ze 'm maken. Dit is het moment om een crash-course wijnmaken aan de bron te volgen.

Doe je best om iets te kopen. Dat moet natuurlijk nooit. Als het vies is, bedank je gewoon beleefd.

Bedenk wel dat wijn op vakantie vaak anders smaakt dan thuis. Die heerlijke verfrissende zomerse rosé smaakt thuis bij de kachel in de herfst waarschijnlijk minder lekker.

Als je een boer hebt gevonden met lekkere wijn, vraag dan welke wijnboeren hij in de buurt kan aanraden. Producenten kennen gelijkgestemden, collega's met hetzelfde gevoel voor stijl en kwaliteit.

Bereid je voor: zoek uit welke interessante producenten op je pad komen.

Je vaste wijnwinkel kan je hier ook bij helpen. Ze kennen boeren in het gebied van bestemming persoonlijk en maken vast een afspraak voor je.

Even bellen om een afspraak te maken is netjes en vaak nodig. Die mensen zijn hard aan het werk, en op sommige momenten in het jaar verschrikkelijk hard.

REDENEN OM WIJN TE GAAN PROEVEN BIJ DE BOER:

Je leert je wijnboer kennen. Het gaat uiteindelijk om wat er in de fles zit, maar bij de producent aan tafel zitten blijft leuk. Wijn krijgt een smoel die het etiket niet kan geven.

Je leert je importeur kennen. De winkel zal niet alle wijnen van een boer nemen. Door eens alles te proeven leer je snel of de keuze van je importeur de juiste is.

Je leert zo ontzettend veel over wijn door even ondergedompeld te worden.

CHAMPAGNE

We zijn champagne gaan proeven. Omdat de streek dicht bij huis is, en er lekkere wijn wordt gemaakt. Wijn die je thuis wel eens hebt geproefd, maar ook dingen die je niet elke dag ziet.

Mousserende wijn gaat in de komende tijd een opleving doormaken. Daarom is het niet gek om er wat aandacht aan te besteden. Wijn kopen bij de boer is voordeliger dan in de winkel. Voor Champagne zijn de marges vrij hoog. Dat maakt het extra aantrekkelijk om het bij de bron te halen.

De Champagne is een streek zonder noemenswaardige adel of grote historie. Alle grandeur die de Champagne uitstraalt komt eigenlijk van de drinkers. Die geven het zijn imago, dat tegelijkertijd verfijnd en ordinair is. Russische tsaren en Winston Churchill; de famous hebben wijnen gezien die hun naam kregen. Formule 1 podia, boten vlak voor ze te water gaan, het nieuwe jaar inluidend. Allemaal met Champagne. Champagne wordt op zoveel plekken tegelijk geopend en gedronken. Maar bijna nooit bij het eten. Jammer, want het kan karaktervolle interessante wijn zijn die daar heel geschikt voor is.

De Champagne is zowat de noordelijkste grens van waar een druif nog kan rijpen. Het weer in een oogstjaar heeft zoveel invloed, dat boeren er niet op durven vertrouwen. Niet alleen blenden ze druivenrassen, maar ook oogstjaren. Hier zijn de doelstellingen anders. Niet de smaak van druiven en de wijngaard zijn bepalend. Het maken van een constante smaak is het belangrijkst geworden.

Het mengen van wijnen is gelukt, als de blend complexer en lekkerder is dan de onderdelen apart. Het is een ramp als de persoonlijkheid van de afzonderlijke wijnen wordt vernietigd zonder meerwaarde op te leveren.

We hebben een aantal producenten gekozen die met elkaar een mooi beeld van de streek moeten geven. Het hoeft natuurlijk niet zo uitgebreid, maar beschouw het als voorbeeld van waar je voor kunt gaan. Zo zie je ook dat er nog meer uit een streek kan komen dan wat je al kent. De wijn die we tegenkomen, onderscheidt zich:

biologisch vs. niet biologisch
groot vs. klein
Chardonnay vs. Pinot
Gerenommeerd vs. aanstormend
Brut vs onbekender. Bijvoorbeeld stil rood of zoete champagne
Grand cru vs. mindere gaarden

Doe bij een boer aan tafel of in de kelder niet anders dan je thuis gewoon bent. Gewoon goed proeven en eerlijk zeggen wat je ervan vindt. Hou dat vol en er ontstaat vanzelf een goed gesprek. Alles wat je altijd al wilde weten, maar nooit kon vragen.

GROOT EN BEKEND: VEUVE CLICQUOT
De smaak is stevig en wijnig door een hoog percentage Pinot Noir. Power met genoeg finesse. Wit fruit met brood en boter. Prettige mousse die blijft komen. Goede structuur; lengte. Kortom: goed gemaakte robuuste wijn.

Veuve Clicquot is zeker 100 keer zo groot als een klein wijnhuisje. Dat merk je aan de cijfers, maar ook aan de immense kelders.

Eerst werden er een aantal basiswijnen geproefd, voordat de champagnes aan de beurt kwamen. Ik had dat nog nooit gedaan, wat het nog leuker maakte. Wijnen van verschillende jaren, druiven en wijngaarden geven een complete impressie van waar de bekende producten uit zijn opgebouwd. Verrassend is de invloed van koolzuurgas op de smaak. Behalve het mondgevoel van de mousse, heeft het een smaakversterkende en verrijkende invloed. De zuren worden wat verzacht, en de bitters prominenter.

Veuve Clicquot heeft een zeer scherp omschreven concept. Ze zijn dag en nacht bezig om dat heel professioneel na te leven.

CONSISTENTIE EN CONSTANTE KWALITEIT.
Teams van meer dan 10 vinologen proeven blind basiswijnen. De resultaten gaan daarna door een statistische molen om te bepalen wat de meest Clicquotesque blend is. Wel wat anders dan 1 boer die 's ochtends wijn proeft en denkt; dit moet 'm zijn, zo ga ik 'm mengen.

Als de wijnmakers terugkomen van vakantie, zijn ze niet meer genoeg ondergedompeld in de huissmaak. De eerste week tellen hun scores en meningen nog niet mee in de resultaten, daarna worden ze weer serieus genomen.

Er wordt voor gezorgd dat de kwaliteit constant is, en daar rekenen ze ook een constante prijs voor. Overal kost een fles hetzelfde als bij jou om de hoek; en dus ook bij de 'boer'.

NAAM EN FAAM

Om een gebied goed in te kunnen schatten is het handig om referentie te hebben; een bench mark. Proef die eerst en daarna titelkandidaten. Als een ander huis voor een fractie van de prijs gevaarlijk dicht in de buurt van de top komt, dan heb je een winnaar gevonden.

Krug is een klassieke topper in de Champagne. Zwaar en vol; body en nog meer body. Rijpe tonen van fermentatie op hout en superlange tweede fermentatie worden opgetild door lekker fruit en prachtig fruitzuur.

Dynamische smaak die blijft verrassen en je steeds andere kanten laat zien. Extreem lang en krachtig. Intens en sensueel. De smaken gaan overwegend de warme kant op; noten, brioche, honing, geel fruit, boter, karamel.

Wat direct opvalt voor een relatief klein wijnhuis, is de maat van de kantoren en presentatieruimtes. Zijn die bij een andere boer niet meer dan een nette woonkamer; hier beslaan ze een apart gebouw.

Krug is continu bezig om kwaliteit te creëren. Alles wat je nodig hebt om wijn te maken, daar heeft Krug het beste van.

Krug produceert al een poosje een wijn die juist geen blend is. Daarmee lopen ze een jaar of wat voor op de rest van de makers. Er is steeds meer interesse voor dit soort initiatieven. Van een ommuurde wijngaard in het dorp Mesnil, wordt van enkel Chardonnay 'Clos de Mesnil' gemaakt. Het huiseigen meesterschap van het mengen wordt hiermee buitenspel gezet. Het is wijn van een enkele druif, uit één gaard, van één oogst. Krug zegt hierover dat het geen concepten, maar lekkere dingen maakt. En zo hoort het ook.

Ik vond het interessant te zien dat Krug niet blind vasthoudt aan traditie, maar eerder een ambachtelijk bedrijf is dat de middelen heeft om alles naar eigen beste inzicht te doen. Remuage (het draaien van de flessen) wordt alleen met de hand gedaan voor voor afwijkende formaten. De reguliere productie gaat gewoon in een giropalette (machinaal draaien van de flessen). Dat verschil proeft niemand.

De wijn is waanzinnig intens; maar wat een prijs. Ik zou eerst moeten sparen en liefst nog eens wat concurrentie willen proeven voordat ik een reden verzin om dit feestje te bouwen.

Vins de réserve liggen niet in deze tanks omdat ze minder zijn, integendeel. Hier rust Krug's appeltje voor de dorst. Dit is een kluis met kwaliteit voor als de natuur grillig is en de oogst te wensen overlaat. Dan wordt er met meesterhand geblend en is de Réserve het beste ingrediënt dat er is.

HOE HERKEN JE GOEDE WIJN?

Balans en harmonie.
Goede wijn is lekkerder dan de onderdelen apart. Die passen goed bij elkaar en er is geen overheersend element. Als wijn (te) jong is, kan het zijn dat een bepaald onderdeel prominenter naar voren komt; maar het moet toch al duidelijk zijn dat er evenwicht is tussen de elementen.

Lengte.
Goede wijn blijft lang bij je. Slechte wijn is meteen weer weg en vergeten; of zo vies dat je het je nog lang kunt herinneren. Ik vind het altijd een goed teken, als wijn niet alleen maar lang is, maar in die lengte ook zijn volledige karakter blijft houden. Dat er niet een paar smaken blijven hangen, terwijl de rest al weg is.

Complexiteit.
Je doet veel indrukken op door te ruiken en te proeven. Die indrukken spelen met elkaar en daardoor krijgt de wijn een gelaagd karakter. Achter elk smaakje duikt er een ander op. De wijn wordt geheimzinnig doordat er zoveel te ontdekken valt.

Typiciteit.
De wijn is een schoolvoorbeeld van hoe de druiven, stijl en plek smaken; hoe excentriek dat ook kan zijn!

Foutloos.
De wijn heeft geen zwakke plekken, vieze smaakjes of andere onaangename kanten.

Lekker.
Goede wijn is gewoon lekker.

HET BEJAARDENHUIS: VIEILLES VIGNES

Wijnstokken hebben ook een leven. Ze zijn jong, volwassen, oud en gaan dood. In hun jeugd is de opbrengst aan druiven nog niet zo groot. De stokken zijn net (een paar jaar geleden) geplant en de boel moet nog op gang komen.
De smaak is nog niet intens en complex. Na een jaar of tien doet de plant volop mee. Hij produceert zoveel dat boeren groen moeten oogsten. Het wortelstelsel is groot zat.

Oud is een relatief begrip voor stokken en wordt niet wettelijk beschermd. Meestal wordt er vanaf dertig jaar mee bedoeld. Stokoud is tachtig of soms wel honderd jaar. Dan zijn de stokken echt op hun eind. Dan zijn de stokken echt bejaard geworden. Het wortelstelsel is maximaal. De opbrengst is vanaf de leeftijd van dertig jaar steeds minder geworden. Op een gegeven moment komt er in kilo's bijna niets meer vanaf. Maar de smaak, die wordt steeds breder, geconcentreerder en intenser.

NAAM MAAR GEEN FAAM

Tussen de pracht en praal van alle 'Domaines' en 'Chateaux' vergeet je snel dat er ook nog kleine wijnboeren zijn die met hun familie werken om wijn te maken, te blenden, te bottelen en weg te leggen; wijn van hun eigen druiven.

Dit kunnen no-nonsense, innovatieve, heerlijke, één-wijngaard wijnen zijn voor een prijs waar de grote jongens van moeten blozen. Jacques Beaufort uit Ambonnay (grand Cru) maakte al biologische wijn toen dat nog niet bestond. Heeft ook gaarden in Polisy (Premier Cru).

De smaak van Beaufort is compleet eigen en recht voor z'n raap. Het accent ligt eerder op materie en volle smaak dan op finesse. Bij de beste wijnen pakt dat voor mij goed uit. Grand Cru '95 is bijvoorbeeld erg lekker. Bij mindere cuvees valt er nogal eens wat aan te merken op balans en nauwkeurigheid.

De wijnen worden lang opgelegd. Je proeft en koopt rijpe volwassen wijnen. De grens wordt hierin naar mijn smaak af en toe overschreden. Enkele wijnen zijn geoxideerd. Puur biologische filosofie. Groene wijngaarden. Niet spuiten. Rond de stokken groeit gras. Zo wordt regenwater beter opgenomen in de grond en erosie tegengegaan. Bij de buren zie je dat grond wordt weggespoeld en wortels bloot komen te liggen. De vegetatie versterkt de biodiversiteit. De wijngaard wordt ook nog eens gezond gehouden met aromatherapie en homeopathie.

Beaufort werkt in de kelder met natuurlijke gisten. Die dragen bij aan het eigen karakter, maar zijn niet altijd even betrouwbaar als fabrieksgist. De mousse van de gewone Brut is dit jaar minder uitbundig dan normaal.

Bijzonder is verder dat er ook stille wijn wordt gemaakt; rood en wit. Vooral rode wijn uit de Champagne kan erg lekker zijn. Coteaux Champenois. Beaufort maakt ook 'ouderwetse' zoetere wijn; demi-sec en mouilleux. De dosage wordt overigens met biologische druivensuiker gedaan.

Al met al een eigenzinnig huis. Houd ervan of haat het. Voor mij waard om te blijven volgen. Misschien wordt er nu wel gebouwd aan een hypergezonde goede wijngaard waar een nette zoon straks hele mooie wijn mee kan maken.

Traditie is werken volgens de regels die je voorouders door vallen en opstaan voor je hebben opgesteld. In deze kelder wordt met de hand gedégorgeerd. Is het, dat ze dat gewoon goed kunnen en geen reden hebben om het anders te doen; of is er geen geld voor een machine die tijd bespaart en constante kwaliteit levert?

DIEBOLT-VALLOIS

De smaak van de Fleur de Passion herinner ik me precies. Goud. Rijke verleidelijke neus. Zacht hout, beetje vanille, drop, appelstroop, citroen en limoen, romig. Ferme structuur, pittig mineraal en ongelofelijk lang. Alles zit waar het hoort; het klopt gewoon.

Familiebedrijf in Cramant; een van de beste dorpen voor Chardonnay in Champagne. De wijngaarden liggen in Cramant zelf, en naburig Cuis en Chouilly wat voor een Chardonnay-rank ook geen straf is. De identiteit van de Cramant is minerale diepte met een romige structuur.

De moderne, 3 niveaus diepe wijnkelder heeft gelukkig een lift. Beneden op 14 meter diepte worden de reservewijnen in gigantische foeders (grote houten vaten) bewaard op een constante 8 à 9 graden.

De kelders zien er zelfs tijdens drukke werkzaamheden extreem netjes uit. Alles heeft zijn plek en het werk loopt gesmeerd.

De drie wijnen die ik proef zijn gewoon lekker en eigen. De Blanc de Blancs zijn hier zo vriendelijk geprijsd dat het 'één keer in de week' wijn is in plaats van 'eenmaal per jaar'. De 'Cuvee Prestige' en de 'Fleur de passion' zijn grote wijnen die je op je gemak moet drinken. Met de aandacht die ze verdienen voor het genot dat ze gaan geven.

Dat was het. Nu kunnen wij weinig meer voor je doen. Er is maar 1 remedie: Proef!

NUTTIGE ADRESSEN

WIJNWINKELS
Bios Wijnwinkel, Hoogstraat 2, Alkmaar, Tel. 072-51 24 477
De Logie Wijnkoperij, Beethovenstraat 27, Amsterdam, Tel. 020-66 26 208
De Wijnwinkel, Runstraat 23, Amsterdam, Tel. 020-63 80 157
Wijnhuis October, Wilhelminastraat 52, Breda, Tel. 076-52 18 125
Wijnkoperij Okhuysen, Gierstraat 34, Haarlem, Tel. 023-53 13 692
Divinite, Lorentzplein 2 a, Haarlem, Tel. 023-53 16 875
Wines & Whiskies, Voldersgracht 22, Delft, Tel. 015-21 22 460
Le Bouchon, Valeriusstraat 51, Den Haag, Tel. 070-34 57 784
La Gironde, Beethovensingel 36, Rotterdam, Tel. 010-28 50 995
Wijn Verlinden, Hintham 152, Rosmalen, Tel. 073-64 88 011
Wijnkoperij Van Leerzum, Molenwater 137, Middelburg, Tel. 0118-61 33 38
Wijnhandel Dominicus, Kerkstraat 8, Goes, Tel. 0113-21 61 19
Neerlands Wijnhuis C.V., Opperstok 16, Streefkerk, Tel. 0184-66 20 80
Streuer, Schoonloerstraat 32, Grolloo, Tel. 0592-50 12 46
Wijnkoper de Duivelaar, Folkingestraat 47, Groningen, Tel. 050-31 88 922
Ron Cohen, Sittarderweg 79, Heerlen, Tel. 045-57 29 701
Sauter wijnen, Fregatweg 46 b, Maastricht, Tel. 043-36 37 799
Thiessen, Grote Gracht 18, Maastricht, Tel. 043-32 51 355

KETENS
Henri Bloem Wijnkoperij, met winkels in Bloemendaal, Amsterdam, Amstelveen, Utrecht, Amersfoort, Den Haag, Breda, Eindhoven, Tilburg, Dordrecht, Arnhem, Apeldoorn, Zwolle en Bussum (zie ook: www.henribloem.nl)

Les Genereux, Pelikaanstraat 4 a, Zutphen, Tel. 0575-51 44 27 (36 winkels door heel Nederland)

Wijnkoperij De Gouden Ton, Nijmegen, Hertogstraat 82, Tel. 024-38 88 979
Wijnkoperij De Gouden Ton, Willemsparkweg 158, Amsterdam, Tel. 020-67 96 231
Wijnkoperij De Gouden Ton, Denneweg 81, Den Haag, Tel. 070-34 68 074
Wijnkoperij De Gouden Ton, Bakkerstraat 30, Arnhem, Tel. 026-35 16 037
Wijnkoperij De Gouden Ton, Marktplein 13, Uithoorn, Tel. 0297- 53 34 75
Wijnkoperij De Gouden Ton, Van Oldenbarneveltstraat 142 a, Rotterdam, Tel. 010-23 31 042

VIA INTERNET
www.vinoblesse.nl
Vinoblesse, Oude Utrechtseweg 32-34, Baarn, Tel. 035-54 26 260

MET DANK AAN:
Rutger Boot
Gilles van der Loo
K.G. Thio
Sally Mometti
Caffè Toscanini
Peter Renalda
Thekla Lodder
Jetske Roodvoets
Monique Beers
Boele de Jong
Jantien Westers
Eline Sijnja
Darja IJland
Kiki Shamdas
Anna Prins
Dennis Lieveld
Roderik van Schaardenburg
Arjan Vlakveld
Menno Faber
Stijn Vluggen
Roswitha van Rijn
Hidde van der Louw
Robert Vendrig
Sander Nieuwenhuys
Champagne Informatie bureau/Stéphanie van Rantwijk
LVMH/David van den Noord
Champagne Diebolt-Vallois
Champagne Veuve Clicquot Ponsardin
Champagne André Clouet
Champagne André et Jacques Beaufort
Roelof Mulder
Crescens Akkermans
Eugenie Urlings
Robert Francissen